会展旅游与目的地管理

陈正康 主编

哈尔滨工业大学出版社

内 容 简 介

作为当今发展最为迅速的行业之一,会展旅游业受到越来越多的地方政府和企事业单位重视。本书主要概述了会展旅游的概念、特征和发展,具体介绍了会议旅游、展览旅游、奖励旅游和节事旅游的概况、特点及运作模式,最后详细介绍了会展旅游目的地的综合服务管理。本书在编写过程中加入了大量的案例分析和知识小贴士,理论与实践相结合,凸显出专业性、实用性和科学性。

本书可作为高等院校会展经济与管理、旅游管理等专业的教材,也适合会展、旅游行业从业人员参考使用。

图书在版编目(CIP)数据

会展旅游与目的地管理/陈正康主编. —哈尔滨:哈尔滨工业大学出版社,2023.5
ISBN 978 – 7 – 5767 – 0870 – 7

Ⅰ.①会… Ⅱ.①陈… Ⅲ.①会展旅游②旅游地-旅游资源-资源管理 Ⅳ.①F590.75②F590.3

中国国家版本馆 CIP 数据核字(2023)第 115315 号

策划编辑　杨秀华
责任编辑　张羲琰
出版发行　哈尔滨工业大学出版社
社　　址　哈尔滨市南岗区复华四道街 10 号　邮编 150006
传　　真　0451 – 86414749
网　　址　http://hitpress.hit.edu.cn
印　　刷　哈尔滨市工大节能印刷厂
开　　本　787 mm×1 092 mm　1/16　印张 8.25　字数 181 千字
版　　次　2023 年 5 月第 1 版　2023 年 5 月第 1 次印刷
书　　号　ISBN 978 – 7 – 5767 – 0870 – 7
定　　价　48.00 元

(如因印装质量问题影响阅读,我社负责调换)

前　言

会展旅游是新兴的旅游项目,作为当今发展最为迅速的行业之一,会展旅游业受到越来越多的地方政府和企事业单位重视。本书主要概述了会展旅游的概念、特征和发展,具体介绍了会议旅游、展览旅游、奖励旅游和节事旅游的概念、特点及运作模式,最后详细介绍了会展旅游目的地的综合服务管理。全书力求从会展旅游业实际出发,着眼于高等院校旅游管理和会展旅游管理的人才培养需要,使学生能够理解会展旅游业的基本理论和发展趋势,掌握会展旅游组织、策划、实施等一系列工作流程和要求,以达到强化专业知识和职业素质的目的。

本书是在我国会展业蓬勃发展的时代背景下,经过长期酝酿和准备的结果,具有如下特点:

第一,内容体系丰富。本书不仅包括会议旅游、展览旅游、奖励旅游、节事旅游的内容,还涵盖会展旅游目的地的综合服务管理,便于读者从整体上理解和把握。

第二,涉及学科范围广。利用相关学科理论来丰富图书内容是本书的一大特色。例如,利用经济学的相关知识来分析会展旅游对经济发展的贡献;利用管理学理论来规范会展旅游的运作流程;利用市场营销学的基本理论来阐述会展旅游的营销策略等。

第三,理论性与实践性相结合。本书在写作的过程中,充分吸收了国内外最新理论研究成果,进行了实地调研,与业内专家和相关企业进行了探讨,包含了大量的案例,以保证理论与实际运作相结合,既有一定的理论深度,又有一定的实操性,大大提高了教材的实用价值。

本书受到哈尔滨商业大学博士科研启动项目的资助(项目编号168164)。哈尔滨商业大学会展系主任、哈尔滨会展行业协会会长孟凡胜教授对本书的编写提供了宝贵的建议和指导,在此表示感谢。

由于编者水平有限,书中难免存在不足之处,敬请广大读者批评指正。

编　者
2023 年 3 月

目 录

第一章 会展旅游概述 ··· 1
   第一节 会展旅游的相关概念 ··· 1
   第二节 会展旅游的特征与发展 ·· 7
第二章 会议旅游 ·· 17
   第一节 会议旅游概述 ·· 17
   第二节 会议旅游目的地及会议旅游运作 ··· 24
   第三节 会议旅游的管理 ··· 29
第三章 展览旅游 ·· 34
   第一节 展览旅游概述 ·· 34
   第二节 展览旅游的运作模式 ··· 38
第四章 奖励旅游 ·· 45
   第一节 奖励旅游概述 ·· 45
   第二节 奖励旅游的发展历程 ··· 50
   第三节 奖励旅游的市场需求和供给 ··· 54
   第四节 奖励旅游市场的开发与营销 ··· 58
   第五节 奖励旅游的策划 ··· 63
   第六节 奖励旅游的管理 ··· 67
第五章 节事旅游 ·· 72
   第一节 节事旅游概述 ·· 72
   第二节 节事旅游的策划与管理 ·· 81
第六章 会展旅游目的地的综合服务管理 ·· 90
   第一节 餐饮管理 ·· 90
   第二节 住宿管理 ·· 93
   第三节 交通管理 ·· 98
   第四节 娱乐管理 ·· 109
   第五节 购物管理 ·· 113

第六节　导游管理…………………………………………………………… 116

第七节　游客管理…………………………………………………………… 117

第八节　危机管理…………………………………………………………… 120

第九节　信息管理…………………………………………………………… 121

第十节　中介管理…………………………………………………………… 122

参考文献……………………………………………………………………… 126

第一章　会展旅游概述

第一节　会展旅游的相关概念

一、会展的概念及作用

(一)会展的概念

会展是会议、展览、大型活动等集体性活动的简称。其概念的内涵是指在一定地域空间,许多人聚集在一起形成的定期或不定期、制度或非制度地传递和交流信息的群众性社会活动;其概念的外延包括各种类型的博览会、展览展销活动、大型会议、体育竞技运动、文化活动、节庆活动等。

广义的会展是会议、展览会、节事活动和奖励旅游的统称。会议、展览会、博览会、交易会、展销会、展示会等是会展活动的基本形式,世界博览会为最典型的会展活动。

(二)会展的作用

会展业是通过举办大型国际会议和展览活动等,带动当地的旅游、交通运输、饭店及相关服务业的一种新兴产业,被称为21世纪的朝阳产业。由于会展业的发展能够带动交通、旅游、餐饮、住宿、通信、邮政、商业、物流等行业的发展,因此会展业又被视为国民经济新的经济增长点和经济发展的"晴雨表"。各国都非常重视会展业的发展,无论大小城市都有会展活动的举办。世界各国争相举办各种会展活动的重要原因是,会展活动能够给举办地带来巨大的综合效益。

根据中国会展经济研究会发布的《2019年中国展览数据统计报告》,2011年至2019年,中国展览数量和展览面积均稳步提高,展览数量从2011年的7 333场次上升至11 033场次,展览总面积从2011年的8 173万平方米上升至14 874万平方米。《中华人民共和国国民经济和社会发展第十四个五年规划和2035年远景目标纲要》提出,办好中国国际进口博览会、中国进出口商品交易会、中国国际服务贸易交易会等展会。国务院批准上海、北京、广州、天津、重庆率先建设国际消费中心城市,会展业成为培育抓手之一。商务部于2021年6月公布的《"十四五"商务发展规划》提出,发挥好中国国际进口博览会等重要展会平台作用,完善会展业发展协调机制,提升区域性展会平台,打造高水平、专业性、市场化品牌展会。商务部于2021年11月公布的《"十四五"对外贸易高质量发展规划》提出,充分发挥中国国际进口博览会国际采购、投资促进、人文交流、开放合作四大平台功能,实现越办越好。继续办好中国进出口商品交易会,进一步提升国际化、专业化、市场化、信息化水平。更好发挥中国国际服务贸易交易会、中国国际高新技术成果交易会、中国国际消费品博览会、中国国际投资贸易洽谈会等在各自领域的展会平台作用。打造一批双边区域性展会平台。支持各地培育一批地区性展会平台。

可见,会展业具有举足轻重的作用。其积极作用可以概括为如下几点:

(1)拉动举办地经济增长。会展业作为服务业,能有效拉动当地经济增长。上海、北京、广州、深圳、大连等城市已将会展业列为地方政府重点扶持和发展的产业。

(2)扩大就业。会展业具有较强的产业关联性,直接、间接涉及的行业很多,因而就业乘数效应显著,能够吸纳较大数量的就业人员。

(3)促进经贸合作。在大多数交易会、展览会和贸易洽谈会上都能签署一定金额的购销合同,以及投资、转让和合资意向书。例如,2022 世界 5G 大会在黑龙江省哈尔滨市举办,通过大会专业化、国际化高端平台深度链接全球数字经济领域核心资源,在深圳、福州、哈尔滨举办 3 场数字经济投资对接活动,华为、腾讯等头部企业及五大电信运营商领投黑龙江数字制造、数字服务和新型基础设施项目,共签约项目 226 个,签约额 1 031.8 亿元。

(4)带动城市基础设施建设。会展是一种大型的群众活动,它要求有符合条件的会展场所,有一定接待能力、高中低档相配合的旅行社和酒店,便捷的交通和安全保障体系,以及优良的旅游景点等。

(5)提升举办城市知名度。会展活动可以展示城市形象,提高举办城市在国内、国际的知名度。一次国际会议或展览不仅可以给举办城市带来相当可观的经济效益,更能带来无法估价的社会效益。例如,2016 年 9 月 4 日至 5 日,G20 峰会在美丽的江南水乡杭州举办,这是 G20 第十一次峰会,也是 G20 峰会首次来到中国。通过此次盛会,杭州的全球知名度显著提升。

(三)我国会展业的发展趋势

1. 以广州为中心,以香港为龙头,形成珠三角会展经济带

珠江三角洲会展经济带是目前我国会展经济最为繁荣的地区,广州是我国第一展"广交会"的所在地,国际影响极大,同时,还培育出一批像美容展、家具展、建材展、医疗器械展等品牌展会。办展的市场运作、规模、服务都进入了成熟期。香港是我国所有会展城市中发展最早、成熟最早、国际影响最大的会展之都。自由港、贸易港和经济中心的优势,使它在发展会展经济中独占鳌头。香港与深圳、广州、东莞、珠海等会展城市会展资源的互动和整合,将加速整个三角洲会展经济带的良性发展,并形成核心竞争力。从 1999 年开始,深圳特区进入会展业的高速发展时期。深圳"高交会"的塑造和深圳国际会展中心的建成为深圳会展业插上腾飞的翅膀;与广州、深圳相匹配的周边会展城市也发展得如火如荼。例如,中国东莞国际电脑资讯产品博览会是全球电脑资讯产品行业最重要的专业博览会之一,成为国内外电脑厂商交流、展示产品和采购商采购的专业平台。

广州/珠江三角洲凭借其特殊的地缘环境、较强的经济实力,在全国会展业占据了重要位置,奠定了继续发展的基础。

2. 以上海为中心,以沿江、沿海为两翼的长三角会展经济带

长江三角洲是我国经济发展最快、最有潜力的地区,以上海为中心,以沿江、沿海城市为两翼的世界经济制造中心正在形成,与其相适应的会展城市经济带也应运而生。上海的中心城市的辐射、影响促使其成为中国乃至世界商业消费类品牌展览会的举办地,特别是上海新国际博览中心的建立,吸引了世界著名会展企业和展会在这里扎根。上海成功申办2010年世界博览会,为上海的城市建设、环境保护、经济和社会发展、城市品位和市民综合素质提升带来了巨大的机遇,推动了发展中国家在国际经济活动中的参与度,提高了上海的知名度和区域辐射效应等。

未来,长三角会展经济带将形成会展城市的错位、互动、梯队式发展,分工明确,定位准确,发展互动。

3. 以北京为中心,以天津为边翼,形成京津会展经济带

北京是我国会展城市发展较早、品牌展览会最多、最有影响的城市。2008年北京奥运会和2022年北京冬奥会的成功举办,也极大推动了北京周边城市太原、廊坊、天津等会展城市的发展。

4. 以大连为龙头,以边贸为支撑,形成东北会展经济带

大连市以其会展旅游业确立了中国会展中心城市的地位,以大连服装节为代表的大连会展业步入了成熟期。沈阳作为东北重要交通枢纽,发展了如装备展等一大批品牌展会。长春依托一流的生产基地,极力打造汽博会,以电影城打造电影节,以农业商品基地打造农博会;延边地区的集安文化旅游节等。哈尔滨会展业的特色是打造体育赛事,打造边贸的交易会。还有亚布力的中国企业家论坛。东北会展经济带的形成有较长的路要走,各个城市的发展与竞争必须处理得当,否则会造成主题雷同、资源浪费的后果,东北会展城市之间的交流与研讨,以及会展产业的开发都是当务之急。

小贴士

大连服装节

大连是充满活力的新兴服装城,起步于20世纪70年代末期,于20世纪80年代脱颖而出,崛起于20世纪90年代。城市为服装助兴开路,服装为城市锦上添花。1988年8月20日至28日,大连市人民政府和国家旅游局、中国服装工业总公司、文化部社会文化管理局,以及中国康艺音像出版公司共同举办了首届大连服装节,得到了党中央和国家有关部门的大力支持。

每年9月初举办的大连国际服装节,是一个集经贸、文化、旅游于一体的国际性经济文化盛会,是我国规模最大、档次最高、影响面最广、效益最好的国际服装节之一。1988年以来,已成功举办了多届,把大连的服装生产和销售不断从一个高潮推向另一个高潮,

使中国的服装艺术迅速走向世界,为中国服装走遍天下创造了良好条件。

服装城如今已形成了自己独特的服装文化,"生活服装舞台化,舞台服装生活化"是其重要文化内涵。大连服装文化的重要特征是开放性、开拓性、兼容性及个性化、时尚化。其重要外在表现是今日大连服装已成为中外联系的一条纽带。

长春汽博会

中国(长春)国际汽车博览会是由中国国际贸易促进委员会长期批准,每两年举办一次的国内著名车展之一。自1999年开始,在国家有关部门和吉林省政府的高度重视、社会各界的大力支持下,已经成功举办了多届汽车博览会,每一届都吸引了国内外众多汽车生产厂家和相关行业的企业参加。通过汽博会这个平台,众多企业在这里展示自己的产品和技术,学习同行的先进经验,开展商贸交流合作,探讨行业发展趋势,开阔了视野,增长了知识,结识了客户,拓宽了市场。同时,通过国外众多知名品牌汽车厂商到长春参展参会,推进了国外汽车厂商到长春市合资合作的步伐,为拉动长春汽车工业的快速发展起到了重要作用。目前,中国(长春)国际汽车博览会已成为国内著名的三大车展之一,是第二个获得国际展览联盟认证的专业汽车展览会。

文章来源:百度百科

(四)会展业发展出现新特点

1. 大型旅游企业进入会展旅游市场

目前,我国的大型旅游集团如上海锦江、中青旅、春秋旅行社等已经加入了国际会展组织,开发会展旅游市场。有的已经开始参与场馆建设,有的正在申请加入国际会展协会等,可以预见,今后几年我国的大型旅游集团将以其规模大、服务全、无形资产高、资金雄厚等优势进入会展旅游市场。

2. 会展业将向几大城市集中

通过对国际会展业发展的分析,会展业在特定城市的发展有"通吃"效应,即会展业的发展会自身加速,形成更大的规模,而不可能全国遍地开花。今后北京、上海、广州等重点城市将成为我国会展业的中心。

3. 举办会展的法律将进一步规范,并逐步向国际通行的登记制转化

今后举办会展审批手续将更为简单,并将按照国际惯例逐步过渡到登记制管理办法。这将促使会展业真正成为一个规范的市场。

4. 国际会展组织和会展中介公司将大批进入我国会展旅游市场

国际会展组织和经营会展的大型公司将大批涌进我国,会展旅游业将形成更加激烈的竞争局面。

5. 会展市场将专业化细分

目前,国际会展业已经形成了非常细致的市场分工。今后随着市场的发展必将形成专业化的分工,形成专门经营展览业、会议业及其中更加细分的市场。

6. 会展中介组织将大批出现,会展业将形成独立的产业

随着国会展的增加、会展业培训体系的建立和国际会展人才的引进,今后专门从事会展的专业化中介公司将大批出现。

随着会展中介组织的完善,会展业将成为一个专门的行业,并从那些部门垄断中独立出来,成为市场经济中的独立产业。

7. 自律性的协会将进一步规范会展行业的行为

自1998年6月由中国国际贸易促进委员会北京市分会(以下简称北京市贸促会)发起,组建了我国第一家国际会议展览业的中介组织——北京国际会议展览业协会之后,2002年上海、山东等省市也相继组建了国际会展业协会,制定了国际展览业协会章程,旨在支持公平、平等的竞争,反对不正当竞争及欺诈行为,改善、优化展览业市场环境,更好地协调、管理、规范会展业的市场秩序。

8. 展览场馆将可能过剩

从国际会展业向大城市集中的发展趋势看,今后几年除北京、上海、广州和深圳等国际大都市的会展场馆效益稳定以及一些具有独特资源的中等城市发展特种会展外,相当一些小城市的大型国际会展中心将面临生存危机。从总体上看,我国的会展场馆可能会过剩。

二、旅游的概念

旅游是人们为参加会议、探亲等事务性目的或消遣与审美的目的,前往对自己有吸引力且主管部门允许的事务所在地参观或体验,继而引发的吃、住、行、游、购、娱等各种现象和关系的总和。

旅游业是一个综合性产业,其产业要素包括食、住、行、游、购、娱等;其产业链包括上游交通、住宿、景点等资源端,中游传统线上、新兴线上渠道端和下游多种旅游消费者类型组成的消费。

旅游业作为国民经济战略性支柱产业,"十三五"以来,旅游业与其他产业跨界融合、协同发展,产业规模持续扩大,新业态不断涌现,旅游业对经济平稳健康发展的综合带动作用更加凸显。

我国各省份和重点旅游城市纷纷将旅游业作为主导产业、支柱产业、先导产业,放在优先发展的位置,为旅游业营造优质发展环境。

三、会展旅游的概念及分类

(一)会展旅游的概念

会展旅游是会展业与旅游业结合的产物,是当今世界都市旅游的重要组成部分。会展旅游是以会展为吸引物,而引发的食、住、行、游、购、娱等各种现象和关系的总和。

会展业和旅游业同属于第三产业,具有较强的产业关联性,举办会展不仅能使当地的展览业、餐饮服务业受益,而且对相关的电信、交通、购物、旅游服务和城市市政建设都有积极的促进作用。从事会展业是旅游业多元化战略之一,而会展业则可以利用旅游业提供的各种服务和资源,二者紧密相连、相辅相成、互为补充。

(二)会展旅游的分类

会展旅游包括会议旅游、展览旅游、节事旅游和奖励旅游。

1. 会议旅游

会议旅游一般指会议接待者利用召开会议的机会,组织与会者参加的旅游活动。会议旅游具有下列特征:

(1)会议成为旅游吸引物,能够吸引大量的旅游者前来。

(2)参会人员的目的之一是旅游休闲,在旅游的过程中达到沟通、交流和解决问题的目的。

(3)会议成为旅游企业业务的一部分,有的旅游企业承担会议的策划、接待和会后的所有业务,会议旅游成为旅游企业产品的一部分。

2. 展览旅游

展览旅游是为参与产品展示、信息交流和经贸洽谈等商务活动的专业人士和参观者而举行的专门的旅行和游览活动。现在世界上各种类型的国际博览会或交易会发展非常迅速,通过举办博览会或交易会,提供产品或服务的卖家与买家及潜在的买家面对面地接触,双方往往能够当场达成协议、签订合同、办理订货手续。另外,展览旅游还具有较强的带动效应,可以扩大举办国的影响,提高举办城市的知名度,吸引成千上万的游客来旅游,进而为住宿业、交通业、娱乐业等带来大量生意。例如,2010年上海世博会吸引200个左右的国家、地区和国际组织参展,吸引海内外7 000万人次游客前来参观,从而以最为广泛的参与度载入世博会的史册。

3. 节事旅游

节事旅游是出于参加节庆和特殊事件的目的而引发的旅游活动。近年来,随着国内各种各样节事旅游的频频举行,节事旅游逐渐成为国内学界的研究热点。节事旅游之所以备受各方的关注,关键在于节事旅游所带来的经济收益和城市形象塑造功能。例如,澳大利亚凭借举办"美洲杯"帆船赛这个特殊的节事活动一跃成为世界最著名的旅游地之一。我国青岛通过"啤酒节""海洋节"将自己独具特色的"海洋文化"传播出去,成功塑造了海洋城市的特色形象;昆明则借助世博会将"万绿之宗,彩云之南"的口号传遍世界各地。节事旅游的影响是广泛而深远的,它不仅为旅游目的地的经济繁荣带来机会,而且也在很大程度上改变了旅游目的地的社会文化和生态环境。在经济发展和社会发展二者相互促进、相得益彰、协调发展的基础上,达到举办地自然、人文、社会的高度统一,共同构建和谐社会。此外,2008年北京奥运会、2022年北京冬奥会和2022年卡塔尔世界杯等,都产生了很好的影响和效果。

4.奖励旅游

根据国际奖励旅游协会的定义,奖励旅游的目的是协助企业达到特定的目标,并对达到该目标的参与人士给予一个尽情享受、难以忘怀的旅游假期作为奖励。其种类包括商务会议旅游、海外教育训练、奖励对公司运营及业绩增长有功人员。需要指出的是,奖励旅游并非一般的员工旅游,而是企业业主提供一定的经费,委托专业旅游业者精心设计的"非比寻常"的旅游活动。用旅游这一形式作为对员工的奖励,可以进一步调动员工的积极性,增强企业的凝聚力。奖励旅游是基于工作绩效对优秀员工及利益相关者进行奖励的管理方法和以旅游方式进行的商务活动。

第二节 会展旅游的特征与发展

一、会展旅游的特征

在会展与旅游及其他一些行业的交互作用下,会展旅游已经在当前的经济条件下繁荣发展,且充满活力。会展旅游的特征主要表现在以下几个方面。

(一)消费能力强,经济效益好

会展是一种高规格的经济活动,参加会展旅游活动的人员大多为企业实体或政府机构派遣的人员,其经济能力、购买能力较强,他们对于会展旅游的消费要求包括住宿条件好、服务周到、交通条件舒适、餐饮能够满足个性化需求,等等。正是由于会展旅游者的高消费水准,他们给会展旅游举办地带来的经济效益显而易见,会展旅游经济已成为行业新的经济增长点。

(二)综合带动效应强

在现代服务业中,旅游业和会展业都是带动性很强的产业,特别是旅游业和会展业的有机结合,可以同时发挥两个产业的联合优势,全面带动交通、住宿、餐饮、商业、金融和科教文卫等第三产业的发展。

会展旅游的发展能在短时间内将人流、物流、资金流、信息流聚集到举办地,成为当地、全国乃至世界关注的亮点。这种积聚性将推动举办地旅游业的快速发展,对会展举办地的知名度和美誉度会有一个大的提升,尤其发展成为名优品牌的展会,其辐射带动作用更是强大。例如,海南的博鳌虽为名不见经传的小镇,但因"博鳌亚洲论坛"的举办而举世皆知,成为对外宣传的金字招牌。这一招牌使当地的旅游业在短期内获得了快速发展,慕名参观游览的旅游者也络绎不绝。

(三)错峰举办季节影响小

季节性问题是许多国家、地区、城市等旅游目的地一直非常困扰的问题。从会展旅游发展的实践来看,在旅游淡季举办会展项目和大型活动能较好地解决这一问题,甚至还能延长旅游旺季或者形成一个新的"旅游季"。

(四) 持续时间长,影响久远

会展旅游的实际安排依会展活动的举办时间而定,一般持续时间较长,这就为参会人员在工作之余提供了休闲娱乐的机会。特别是对于初次到会展举办地的参会人员来说,他们更是希望能够到当地的风景名胜区参观游览,这就为旅游目的地的旅行社和旅游景区提供了市场开发的机会。

二、会展旅游的发展历史

会展旅游是会展经济发展的必然产物,是一种高级的、特殊的旅游活动表现方式。国外会展旅游业发展历史悠久、水平高、规模大,特别是20世纪50年代以来,由于居民可支配收入增加、旅游愿望增强、休闲时间增多、交通及技术改善等原因,会展旅游发展迅速。目前,会展旅游在国外已经发展成为一个比较成熟的产业。我国会展旅游业的起步比较晚,但发展非常快,特别是会展旅游业的硬件设施建设,大有超前发展的态势。

(一) 国外会展旅游的发展

国际会展旅游产生的标志——1841年7月5日,托马斯·库克组织人包车去参加戒酒大会。这一天,托马斯·库克包租了一列火车,将多达570人的旅行者从英国中部地区的莱斯特送往拉巴夫勒参加戒酒大会,往返行程11英里(1英里≈1.61千米),团体收费,每人一先令(英国旧辅币单位,1英镑=20先令)。提供免费的带火腿肉的午餐及小吃,还有一个乐队跟随。托马斯·库克组织的这次活动被公认为世界上第一次商业性旅游活动,他本人也成为旅行社代理业务的创始人。这次活动在旅游发展史上占有重要的地位,它是人们第一次利用火车组织的团体旅游,是近代旅游活动的开端。

小贴士

托马斯·库克

托马斯·库克是近代旅游的创始人、"近代旅游业之父"。他是第一个组织团队旅游的人,并组织了世界上第一例环球旅游团,编写并出版了世界上第一本面向团队游客的旅游指南——《利物浦之行指南》,创造性地推出了最早具有旅行支票雏形的一种代金券。库克组织了欧洲范围内的自助游,向自助旅行的游客提供旅游帮助和酒店住宿服务。19世纪中期,托马斯·库克创办了世界上第一家旅行社——托马斯·库克旅行社(即现今的托马斯·库克集团,中国官方授权的品牌名为"托迈酷客"),标志着近代旅游业的诞生。19世纪下半叶,在托马斯·库克本人的倡导和其成功的旅游业务的鼓舞下,欧洲首先成立了一些类似于旅行社的组织,使旅游业成为世界上一项较为广泛的经济活动。

2019年9月,拥有178年历史的老牌旅行服务商托马斯·库克集团宣布破产。英国脱欧进程的不确定性致使夏季游客的订单需求直接下降,面对激烈的市场竞争和旅游行业本身的低毛利,只有不断降价优惠以求在竞争中争取更多客源,同时脱欧也直接影响到了汇率,客源地英国收取的是英镑,国外景区或酒店支出多是美元或欧元,本身不高的毛利在汇率差造成的额外损失下,几乎再无利润。订单量减少和利润不支,脆弱的财务状况成为压垮骆驼的最后一根稻草。此外,资源型重经营带来高昂的运营成本和风险。托马斯·库克集团破产之前曾在全球拥有97架飞机,2 926家店铺,21 940名员工,这样一个资源型极重的经营模式在市场环境安稳的时期,毫无疑问是可以发挥协同和规模效应,资源建立起的壁垒也可以远远将对手甩在身后。但在今天激烈的市场竞争和政治、经济等外部环境变化中,一旦遭遇经营下跌,过重的资源投入、经营成本和人员架构使巨头难以掉头,局部叠加在一起带来的"连锁反应"拖垮了整体。最后,面对线上旅行服务商的竞争时,应变过慢,无法做出及时调整。

文章来源:百度百科

会展旅游得到世界各国高度重视——1896年2月,底特律会议局诞生。从底特律会议局成立以来,美国会议产业开始得到越来越多的地方政府与相关机构的重视,并逐步发展起来。目前,拉斯维加斯、奥兰多、芝加哥等已成为美国最著名的会展中心城市,一些专业协会的影响力也日益增加,如美国国际展览管理协会(IAEM)、美国专业会议管理者协会(PCMA)、国际会议专家协会(MPI)等。会议会展业在美国社会经济生活中发挥了重要的作用。美国会议行业委员会2011年发布的报告《会议产业对经济影响的重要性》显示,2009年美国举办各类会议和贸易展总计约179万次,参会人员达20 472万人,对国内生产总值的直接贡献额为1 060亿美元,为美国提供直接工作岗位170万个、间接工作岗位630万个,直接创造联邦税收143亿美元、州与地方税收113亿美元。

会展旅游在全球迅猛发展——1963年,国际大会及会议协会(ICCA)成立。ICCA是全球国际会议最主要的机构组织之一,是会务业最为全球化的组织。ICCA在全球拥有80多个成员国家和地区,其首要目标是通过对实际操作方法的评估促使旅游业大量地融入日益增长的国际会议市场,同时为成员交流相关市场的经营管理信息提供机会和平台。作为会议产业的领导组织,ICCA为所有会员提供最优质的组织服务,为所有会员间的信息交流提供便利,为所有会员最大限度地发展提供商业机会,并根据客户的期望值提高和促进专业水准。我国有20家单位加入ICCA,分布于北京、上海、广州、深圳、济南、杭州、扬州、郑州等。

(二)国内会展旅游的发展

南洋劝业会是中国举办的第一次世界博览会,也是中国历史上首次以官方名义主办的国际性博览会。由时任两江总督端方于清宣统二年(1910年)6月5日在南京举办,历时达半年,共有中外30多万人参观,会址南起丁家桥,北至三牌楼,东邻丰润门(今玄武门),西达将军庙口,占地700余亩(1亩≈666.67平方米)。

南洋劝业会借鉴了美国万国博览会、比利时博览会、意大利米兰博览会,并成功吸引了全国22个行省和14个国家及地区纷纷设馆参加展览,欧美、东南亚各国等也都前来参展。展品约达百万件,时人称之为"我中国五千年未有之盛举"。

当时的报界高度评价南洋劝业会:"全国之大钟表也,商人之大实业学校也,产品之大广告场也,输送本国货以向外国之轮船、铁道也";"一日观会,胜于十年就学"。《申报》曾介绍劝业会:"若日之东京大坂、美之圣路易、意之米廊,皆以地方为名,而实含内国与世界性质,本会虽名南洋劝业会,实与全国博览会无殊。"

南洋劝业会在上百万件展品中,选出5 000余件获奖展品,其中一等奖60余件、二等奖200件、三等奖400件,分别颁发奖牌。南洋劝业会吸引了近30万观摩者,总成交额数千万银元,对中国近代工业的发展起到了积极作用。南洋劝业会持续了近6个月,于1910年11月29日闭幕。

南洋劝业会作为一次规模引进资本主义新事物的尝试,为中国博览事业的发展奠定了基础,也对中国近代工商业发展起到了积极的推动作用。同时,对南京的政治、经济、交通和社会生活等各个方面产生了较大影响。

改革开放以后,我国会展业发展迅速,已经成为我国经济的新亮点。由于会展业本身的高速发展及其对经济的巨大带动作用,各地政府非常重视,形成了政府主导会展业发展的局面。各地会展企业在政府的主导下,开始组建行业自律性的会展协会。北京市组建了副市长牵头的领导小组对会展业进行全面研究,包括组建课题组,撰写了《北京会展业发展研究报告》,责成北京市统计局会同有关单位制定一套会展业统计指标体系,等等。上海、杭州等地也在政府的主导下,制订了会展业发展的规划。1998年6月由北京市贸促会发起,组建了我国第一家国际会议展览业的协会——北京国际会议展览业协会;2002年4月上海成立会展行业协会;2002年2月山东成立国际展览业协会。我国会展业发展的最大的特点就是硬件优先发展。各地都掀起了展览场馆的建设,场馆面积迅速扩大。此外,各地经营会展的企业和一些旅游行政管理部门纷纷加入相关的国际会展组织。

我国的一些大城市在发展国际会展业方面具有一定的优势,目前已经初步形成了以上海、北京、广州等大城市为核心的国际会展中心城市。这些大城市现有会展场馆多,会展外部条件相对成熟,举办会议展览总数多。北京、上海等大城市在政府主导会展业的发展中将会展业与旅游业密切结合在一起,其中北京市举办了几次大型国际会展业研讨会都有北京市旅游局和首都旅游集团的参与。

案例分析

国际会展旅游名城香港

国际会展旅游业是新兴的朝阳产业,由于其本身所特有的经济特性,对现代城市国际化、信息化、城市化的发展有着巨大的推动作用。而香港成为国际和亚太地区的"会展之都"的成功经验值得借鉴。

作为香港经济新兴产业的香港会展旅游业,发端于20世纪50年代,形成于20世

70年代。而其真正发展起来的时间是在我国实行改革开放政策之后,到了20世纪80年代,香港发展成为中国的外贸窗口。

近年来,每年在香港举行的大型会议超过900个,来自世界各地的与会代表多达几十万人。交通运输便利、旅游配套完善、信息自由流通、展馆设施优良、服务高效优质,使香港赢得了"亚洲展览之都"的美誉。

香港成为亚太地区举办大型国际会议和国际商贸展览会的首选城市,并享有"国际会展之都"的盛誉。

会展经济就像一块吸纳人流、物流、资金流的磁石,给香港带来了巨大的经济效益,特别是对旅游方面的贡献非常巨大。会展旅游给香港带来了良好的经济效益、环境效益和社会效益,使它成为亚太地区主要的展览中心和会议中心,成为国际会展旅游名城。香港成为国际会展旅游名城的成功经验可以总结为以下几点。

经验之一——利用自身的地理、交通优势,降低国际会展旅游活动的举办成本。香港是国际贸易重要的港口城市。香港自开埠以来,就确立了其重要港口和转口港的作用。之后,随着社会经济几经变迁,香港转口港功能不断得到提升。如今,它作为自由港,展品进出香港不征收关税,不需要付押金,报关手续简捷,给商家带来诸多便利。香港还是亚洲重要的贸易中心,在香港的贸易公司有10万多家举办各类展览,效果非常好,可以事半功倍。另外,香港还是一个面向内地的门户,有很多外国的国际供应商为了打入中国内地市场,通过香港推销自己的商品,从而使香港成为国际贸易展销的重要门户。香港还拥有得天独厚的地理位置。香港居于亚洲要冲,位于日本和东南亚各国中心,以及澳大利亚的航运要道上。乘坐飞机从亚洲各主要商业城市来港,方便快捷。这些天然优势为香港会展旅游活动提供了较低成本。

经验之二——香港会展旅游发展的前提是有雄厚的经济后盾。雄厚的经济实力是香港建设"国际会展之都"的基础和前提条件。香港还是国际经济和金融中心,各项基础设施发达。同时,香港邻近的珠江三角洲是全球重要的加工制造中心和产品集散中心,这在无形中为其聚集了许多本土的买家,也成为许多国外商家利用香港作为窗口打进中国内地市场的桥梁。

经验之三——利用城市的美誉度和知名度争取举办国际会展活动,吸引外国参展商,营造国际会展环境。城市是进行会展旅游活动的重要载体。半个世纪以来,香港由于经济发展迅速,城市发展也很快,逐渐成为国际商贸、信息、金融中心,交通、通信、房地产、饭店、旅游等相关行业的集聚地,成为区域性的国际城市。社会经济发达,城市综合环境优美,旅游配套设施完善,旅游产业发达并成为城市主要支柱产业,国际国内游客数量众多,在国际上具有较高知名度,因而为香港会展旅游业的发展提供了良好的国际市场环境。

经验之四——政府的大力支持是香港成为国际会展旅游名城的主要原因。香港在官方旅游机构中设有阵容庞大的会展旅游促销部门,香港会议和奖励旅游局在香港、芝加哥、伦敦和悉尼都设有专门机构,可以随时联系,获得信息。展览会还鼓励买家携同家庭成员赴港,享受旅游乐趣,并为此举办多项具有特色的香港游。

此外,香港特区政府还支持会展旅游行业研究机构的发展;制订会展旅游的长远战略规划;利用现代信息、网络、通信等信息技术,提高会展旅游活动的质量和效应。香港特区政府根据21世纪的发展计划,投资6 000亿港元,建设近2 000项重大工程,开发新的旅游项目,进一步完善城市整体基础设施,为会展旅游经济的发展创造了良好的社会氛围,适应了会展旅游经济快速发展的需要。

经验之五——具有国际先进水平的会展场馆设施是香港会展旅游业发展的直接动因。香港在硬件建设方面具有战略眼光。展览馆是会展业的"火车头",是展览业发展的前提和基础。香港会展业的发展,其会议展览中心是专用的主要设施,大部分的国际会议和大型展览都在会展中心举办。香港会展中心总面积24.8万平方米,可租用面积6.3万平方米,场地规模可与日本东京国际展览中心媲美,堪称亚洲第二。其凭借优良的设施、高效的运作和完善的服务,连续8年被权威杂志评为"全球最佳会议中心""世界十大最佳会议及展览中心""最佳会议中心"等。随着会展旅游的进一步发展,香港政府又耗资建造了亚洲国际博览馆,并于2006年第一季度全面投入服务。

经验之六——具有高素质的专业人才和提供完善的服务是香港会展旅游业迅速发展的重要动因。香港会展旅游业最大的特点就是会展公司和酒店、旅行社密切合作,为会展旅游参加者提供完善的旅游服务。这主要是因为香港在经过几十年的快速发展后,已形成一个比较完备的人才引进和培养机制。通过从世界会展旅游发达的德国、美国、法国、英国等国家引进专家,以来港办会展和出国办展等方式进行交流,并在高等院校设置专业课程等方式培训人才,从而使香港具有一大批很有经验的会议、展览承办机构和承办人才,其办展具有创意,并且形成了一套成熟的规程和巧妙的做法。这不仅为香港会展旅游业的快速发展奠定了坚实基础,而且在社会环境和服务支持等方面也提供了有力的人才竞争保证。

经验之七——坚定的国际化经营策略为香港会展旅游业的发展创造了良好的国际环境。香港特区政府坚持"立足香港,背靠内地,面向全球"的国际化经营策略,这在其每年的办展方式上充分体现出来。香港与有"世界工厂"之称的珠江三角洲毗邻,有强大的后盾支持。

经验之八——依托本地的产业,经营跨国采购项目来发展香港的会展旅游业。香港利用珠江三角洲在土地和劳动力方面的优势,形成玩具、礼品、钟表、珠宝等轻工业产品强势竞争力,这样就吸引了世界各地的采购商到港采购,甚至设立采购办公室,使香港成为亚洲最大的消费品出口地。

经验之九——香港会展旅游活动的定位明确,注重规模和品牌建设。规模大小直接影响着会展旅游活动经济效益的大小。品牌是以无形资产参与竞争的,品牌会展规模大、专业性强、影响力广、成本低、效益高,能够给商家带来高回报。因此,香港很重视品牌战略,并采取各种措施树立品牌,其中许多会展已连续举办了十几年,甚至30多年,给香港带来了巨大的经济效益,而且增强了它在国际上的知名度。

经验之十——注重品质与信誉,从实质上为会展业创造了诚信的国际环境。香港贸易发展局所办展览中很多获得国际展览业协会(UIF)认可。一般办展也是严格控制非业内人士进入。部分展览如书展、美食博览、中小企业推广日等,虽然允许公众人士进场,基本都是购票进场;不搞"大卖场"式的展销会,但允许展商在展览后期将所带样品处理售出。另外,香港办展十分注重保护知识产权,凡涉嫌抄袭的,一律不得参展。

可见,香港处处以国际化为标准来发展本地的会展旅游业,从而成为国际知名的会展旅游城市,其成功的关键就是进行国际化经营。

案例来源:陈丽敏《国际会展旅游名城香港案例分析》,有删改

三、会展旅游的发展条件

(一)优越的地理位置和交通条件

发展会展旅游必须具有优越的地理位置和便利的交通条件。从国际上看,举办国际会议次数最多的是欧洲。其中,德国、意大利、法国和英国都是会展业大国。世界上最重要的150个专业展览会中有近120个都在德国举行,这与其地处欧洲中心、交通便捷密切相关。新加坡虽然地域狭小,但具有发达的交通、通信等基础设施,其会展旅游位居亚洲前列。由此可见,发展会展旅游必须要有优越的地理位置。我国的北京、上海、香港等城市会展旅游发达的一个重要原因就是地理位置优越。

(二)完善的会展设施

现代化的会展设施是开展会展旅游的物质基础和先决条件,许多会展旅游目的地的成功得益于良好的会展设施。例如,纽约、米兰、伦敦、巴黎、东京、法兰克福、慕尼黑都有10万平方米、20万平方米以上的大型现代化展馆,汉诺威建有展出面积近47万平方米的展览场馆,新加坡也有一个近10万平方米的博览中心。在我国,以上海为例,世界各地的人都汇聚到上海世博会,轰动一时。其中,国家会展中心(上海)是集展览、会议、办公及商业服务等功能于一体的会展综合体,也是上海市的标志性建筑之一。可展览面积约60万平方米,包括近50万平方米的室内展厅和10万平方米的室外展场。综合体共17个展厅,包括15个单位面积为3万平方米的大展厅和2个单位面积为1万平方米的多功能展厅,货车均可直达,全方位满足大中小型展会对展馆的使用需求。

(三)高度发达的城市经济

会展业成本较高,无论举办何种会展活动都需要一定的经济实力和资金投入。会展业发达的国家或城市,经济实力都较为雄厚。ICCA发布的2019年举办国际性会议次数最多的前10位国家依次是美国、德国、法国、西班牙、英国、意大利、中国、日本、荷兰和葡萄牙;2019年举办国际性会议次数最多的前10位城市依次是巴黎、里斯本、柏林、巴塞罗

那、马德里、维也纳、新加坡、伦敦、布拉格和东京。这些国家或城市的经济发展水平普遍较高。因此,发展会展旅游的通常是经济高度发达的国家或城市。

(四)完善的城市功能

会展业对城市功能有极大的依赖性。没有完整的基础设施、便捷的交通条件和先进的通信设施等,要成功举办一些大型会展活动(如世博会)是难以想象的。只有提升城市公众休闲、娱乐、康体、文化、商贸、购物、交通、通信、邮电等城市功能,才能吸引会展旅游者和旅游投资者。新加坡发展会展旅游的成功经验中有一点就是新加坡政府一直致力于城市基础设施建设,完善城市功能、发展交通、净化环境等,以吸引投资者和会展旅游者。

(五)广大的市场依托和发展潜力

近年来,亚洲会展经济发展速度很快,其规模仅次于欧美,主要原因在于其广阔的市场和巨大的发展潜力。除日本外,中国内地及香港地区、西亚的阿拉伯联合酋长国等,凭借其广阔的市场和巨大发展潜力,以及较为有利的地理区位在会展业发展上取得了巨大的进步。

(六)政府政策支持

会展旅游是一个涉及多行业、多部门的产业。它通过对相关产业的拉动作用,与其他经济部门相辅相成,互相促进,在互动中实现良性循环,共同为整个国民经济的快速发展发挥着积极的作用。正因为如此,各国政府都十分重视会展旅游业的发展,在制定经济发展战略和城市发展规划时,积极考虑本国会展业发展的需要,进行有利的安排。例如,德国会展举世闻名,拥有国际著名的会展城市汉诺威、法兰克福、慕尼黑、杜塞尔多夫等,这些会展城市都把展览业作为支柱产业加以扶持,出台一系列鼓励措施和优惠政策吸引参展商和观众。

小贴士

关于促进我市商业会展业高质量发展的若干措施(暂行)[①]

为促进本市商业会展业高质量发展,着力提高会展业服务首都"四个中心"的能力,提升会展业品质,提高会展经济效益,推动本市商业会展业专业化、品牌化、国际化、信息化发展,制定如下措施。

一、提升会展品牌影响力

(一)鼓励展览与会议融合。对于展会期间举办国际性行业年会或行业发展论坛,组织推广行业新技术、新产品、发布行业发展报告等活动,活动规模达到200人以上的展会,给予主办方不超过30万元奖励。

---

① 该措施由北京市商务局、北京市财政局、北京海关于2019年发布。

(二)支持关联展会整合。对于在京连续举办两届以上且属于同一产业链的两个及以上的同质性展会,整合后展出面积和观众数量超过整合前最大规模展会50%的,给予整合主办方不超过50万元奖励。

(三)加强品牌展会国际宣传。鼓励品牌展会加强国际宣传推广,提升品牌价值和国际影响力,对在北京市连续举办五届以上(不含)的展会,组织国际路演、海外宣传推介或投放主流媒体广告等活动,给予主办方不超过30万元奖励。

二、推动品牌展会提质升级

(四)鼓励展会提升国际化水平。对国际参展商(含台、港、澳地区和外商投资及合资企业)租用展览面积达到总展览面积30%以上的展会,给予主办方不超过50万元奖励。

(五)鼓励展会做大做强。对参展商租用展览面积比上届增加的展会,每增加5 000平方米展览面积,给予主办方不超过30万元奖励,最高不超过100万元。

三、促进会展创新发展

(六)鼓励创办引领产业发展的优质展会。对新举办的"高精尖"产业展会、北京服务业扩大开放重点领域展会或国家战略性新兴产业展会,展览面积达到1万平方米以上,国际参展商(含台、港、澳地区和外商投资及合资企业)租用展览面积占总展览面积的比例达到10%及以上的,给予主办方不超过50万元奖励,奖励不超过三届。

(七)引进境内外国际大型专业展会。鼓励引进具有国际影响力的大型国际专业展会,对新引进展览面积2万平方米以上,国际参展商(含台、港、澳地区和外商投资及合资企业)租用展览面积占总展览面积比例达到20%及以上的,给予主办方不超过100万元奖励,奖励不超过三届。

(八)提升便利化服务水平。对符合支持方向的展会,北京海关将制定相应便利化措施,在展品通关等环节给予政策支持。对重点展会,商务、海关等部门将采取一事一议的方式,提供个性化服务支持。

本措施适用于2019年1月起在北京市举办的展会,政策执行期三年,每年对上一年政策执行效果进行评估,根据评估结果,对奖励政策进行动态调整。具体申报指南将另行发布。

本措施由市商务局、市财政局、北京海关负责解释。

文章来源:北京市商务局网站

(七)具有专门的会展人才

会展业是一项操作性极强的系统工程,从筹办到招展、展出,涉及的部门很多。在时间、人员、空间、物流等方面都需要全盘运筹帷幄。会展业是一项专业性很高的产业,从设计、布展、服务到打造会展名牌,都是专业人员才能胜任的。会展业还是一项政策性很强的工作,需要会展人员熟知经济政策、法律常识,在法律、政策框架内谋求利益最大化等。因此,会展业看起来简单,而实际操作起来却很有学问,需要一大批高素质专业人才。

案例分析

2020国际会议业CEO峰会暨全球会议目的地竞争力指数发布活动（以下简称峰会）在中国西部国际博览城举行。峰会由国际大会及会议协会（ICCA）、《会议》杂志主办，ICCA国际会议研究及培训中心（CIMERT）承办。

峰会上，由ICCA全球唯一的国际会议研究及培训中心依托海量大数据，首次面向全球发布《2020年全球会议目的地竞争力指数报告》。报告选取了全球75个知名城市样本，从目的地整体环境竞争力、会议配套支撑竞争力、会议专业竞争力、会议形象感知竞争力四大方面，科学构建评价体系。

全球排名前十的会议目的地城市分别是：巴黎、伦敦、新加坡、巴塞罗那、东京、维也纳、柏林、曼谷、纽约与里斯本。

中国排列前十的会议目的地城市分别是：北京、上海、成都、深圳、广州、杭州、西安、重庆、武汉与南京。

从排行榜的数据来看，成都在会议目的地宏观经济与生态环境、会议目的地专业国际化水平以及会议目的地营商环境等指标方面表现较为抢眼。

成都在国际会议营商环境、法制环境、投资满意度以及政策服务满意度等方面得到了ICCA众多会员的肯定性评价，这些也为城市持续提升会议业国际竞争力打下了坚实的经济基础与感知优势。

成都市博览局相关负责人表示，成都高度重视会议产业发展，交通通达便利，基础设施完善，旅游及文化吸引力巨大。

成都发展抢眼。成都已与235个国家和地区建立经贸关系，301家世界500强企业落户在此。成都连续6年位居"中国最具投资吸引力城市"榜首，获评"中国国际化营商环境建设标杆城市"。2020年，全球化与世界城市研究网络（GaWC）发布的《世界城市名册》中，成都跻身Beta+，位列全球城市第59名。

近年来，成都成功举办了联合国世界旅游组织全体大会、G20财长和央行行长会议、中日韩领导人会议等重大国际性展会活动；成功申办了2021年世界大学生运动会、2021年国际牙科研究协会全球年会暨展览会、2024年世界园艺博览会等世界级活动。

2019年，成都共举办符合ICCA标准的国际会议33个，目前拥有ICCA会员10个，占中国ICCA会员的10%，居中国内城市第三位。

案例来源：澎湃新闻《全球会议目的地城市：北京、上海、成都……上榜！》

第二章 会议旅游

《中国会议蓝皮书》指出,我国每年举办会议高达几千万个,参加会议人数上亿之多,年均增长20%。ICCA发布的数据显示,2010～2019年,北京共举办1 228场国际会议,在亚太地区排在第三位,仅次于新加坡的1 543场和首尔的1 343场。

第一节 会议旅游概述

一、会议旅游的概念

目前对于会议旅游没有特别统一的概念,各种观点的角度和立场不同,其内容也不尽相同。为了更好地理解会议旅游,本书综合目前主流的会议旅游的概念,将会议旅游定义如下:会议旅游是指由跨国界或跨地域的人员参加,以组织、参加会议为主要目的,并提供参观游览服务的一种旅游活动。

二、会议旅游的类型

根据不同的划分标准,会议旅游的类型有以下划分方法。

(一)按照举办单位划分

根据举办单位性质的不同,可分为协会类会议、公司类会议和其他组织会议。

1. 协会类会议

协会类会议指会议主办者为具有共同兴趣和利益的专业人员或机构组成的社团所组织的会议旅游活动,通常为协会年会、专题研讨会和培训会等。

协会类会议可分为国际性协会会议和国内协会会议。一年一度出版的《国际协会手册》列出了约25 000家各类国际协会,如国际节能环保协会、国际航空运输协会、国际瑜伽协会等。国内协会如中国证券协会、中国银行业协会、中国注册会计师协会等。这些协会每年都要举行大量会议,由此引发了相关的协会类会议旅游。

协会类会议的显著特点是经济效益巨大。除此以外,与一般类型会议相比,协会类会议旅游往往更换会议举办地来保持对其会员的吸引力,这恰恰是协会类会议旅游的"卖点",将参加会议与消遣娱乐结合起来,考虑到气候、环境、城市形象和旅游资源等因素,从而吸引更多的会议旅游者前来旅游观光。

2. 公司类会议

公司类会议是指会议主办者为一家企业或多家同行业、同类型及行业相关的企业举办的会议旅游活动。在会议旅游中,公司类会议旅游是其最大的细分市场。

公司类会议旅游最大的特点是数量庞大,范围广泛,包括销售会议、新产品发布会、专业/技术会议、管理层会议、培训会议、股东会议、奖励会议等形式。

与协会类会议相比,公司类会议对旅游地点的选择更多考虑设施条件、服务水平、交通费用及便利程度、地理位置(表2.1)。如果上一次会议旅游的举办地和接待企业提供的服务令其满意的话,会议主办者通常会继续选择相同的接待企业。

表 2.1 公司类会议旅游与协会类会议旅游的比较[①]

因素	公司类会议旅游	协会类会议旅游
与会人员	必须参加	自愿
决策(会议主办者)	集中	分散,通常是委员会
会议数量	很多,但每次会议与会人员很少	很少,但与会人员多
回头客(重游率)潜力	很大潜力	有,但会址必须轮换
饭店客房预订	固定	必须紧紧跟踪预订
预订程序	应用软件/电话沟通/面谈	电话沟通或者面谈
配偶参加	很少	经常
附带展览活动	相对较少	经常有,大量需要接待服务
选择会址	寻找方便、服务和安全	需要选择有吸引力的地方,刺激与会人员增加
地理模式	没有固定模式	地区轮换
筹会(旅游筹备)时间	短,通常不到一年	很长,经常是2~5年
支付方式	(公司)主账户	个人支付
取消会议风险	很高,惩罚条款和预付款方式普遍	最小
到达/离开	很少提前到达或提前离开	很可能提前到达
价格(会议主办者)	比较敏感	很敏感,一般是优秀的谈判者
会议和旅游局参与	很少与会议和旅游局联系	经常利用会议和旅游局,尤其是全城大会

3. 其他组织会议

在会议旅游中,还有许多不属于公司类会议旅游和协会类会议旅游的会议主办者也经常开展旅游活动,这类可以统称为其他组织会议旅游,如慈善机构会议旅游等。

这类会议旅游,其会议次数、规模与消费标准基本固定。此类会议直接消费比较高,

---

① 王保伦.会议旅游[M].北京:中国商务出版社,2006.

且带来客观的间接消费,会址选择范围大、层次高,并伴有相当数量的VIP(贵宾,重要人物)接待,同时会议组织周密细致,对酒店的接待能力和服务水平有较高要求。

(二)按照会议规模

一般而言,可以根据会议的规模,即与会者人数来区分,将会议旅游分为小型会议旅游、中型会议旅游、大型会议旅游和特大型会议旅游。

小型会议旅游,出席人数不超过100人。

中型会议旅游,出席人数大约为100～1 000人。

大型会议旅游,出席人数在1 000～10 000人。

特大型会议旅游,人数在10 000人以上,如节日聚会、庆祝大会等旅游活动。

(三)按照会议的性质和内容划分

根据会议的性质和内容不同,可分为以下几种。

1. 年会(annual meeting/conference)

年会是指某些社会团体一年举行一次的集会,是企业和组织一年一度不可缺少的"家庭盛会",主要目的是激扬士气,营造组织气氛,深化内部沟通,促进战略分享,增进目标认同,并制定目标,为新一年度的工作奏响序曲。年会可以单独召开,也可以附带展示会等形式,多数年会是周期性召开,最常见的是一年一次。由于年会参会者较多,因此往往需租用大型宴会厅或会议室,分组讨论时需租用小型会议室。

2. 专业会议(conference)

专业会议的议题往往是具体问题,并就其展开讨论,可以召开集中会议,也可以分组讨论,规模也可大可小。

3. 代表会议(congress)

代表会议通常在欧洲和国际活动中使用,本质上与专业会议相同。但在美国,"congress"这个词用来特指立法机构国会。

4. 论坛(forum)

论坛是指由专题讲演者或专门小组成员主持,并有许多反复深入的讨论的会议。其特点是可以有很多听众参与,随意发表意见和看法,不同讲演者可持不同立场对听众发表演讲。主持人主持讨论会并总结双方观点,允许听众提问,所以这种论坛会议要提供多个话筒。例如,全球核能领域最大论坛——2022原子能博览会在俄罗斯开幕,论坛的关键主题是"核能之春:创造可持续未来"。在论坛框架下举行全体会议、主题圆桌会议和专题讨论,并在论坛平台上签署合作协议。

5. 座谈会、专题研讨会(symposium)

座谈会和专题讨论会除了更加正式以外,与论坛会议是一样的。此类会议与会者有许多平等交换意见的机会,适合向大家分享经验。研讨会通常在主持人的主持下进行,其最大特征是面对面商讨、参与性强。

6. 培训类会议(training sessions)

这类会议需要特定的场所,往往需要少则一天、多则几周的时间进行,培训的内容高度集中,且需要某个领域的专业培训人员讲授。

7. 奖励会议(incentive meetings)

奖励会议的对象通常是各企业团体的优秀代表。企业为鼓励及特别感谢这些优秀人才,精心策划奖励会议旅游。一般来说,外资企业和民营企业更具有奖励会议旅游的观念,更容易接受新奇的建议及构想,而一般海外的奖励会议旅游较受员工的欢迎。

(四)按照会议代表的范围划分

按照会议代表的范围不同,可分为国内会议旅游和国际会议旅游。

(五)按照会议举办时间的特点划分

按照会议举办时间的特点划分,主要分为固定性会议旅游和非固定性会议旅游。

(六)按照会议的主题划分

目前,比较常见的会议主题有医药类会议旅游、科学类会议旅游、工业类会议旅游、技术类会议旅游、教育类会议旅游和农业类会议旅游等。

三、会议旅游的特点

会议旅游作为会展旅游的重要组成部分,与常规旅游相比,不仅具有大多数旅游活动的共性,也表现出一些独有的特性。

(一)影响广泛,效益显著

会议旅游对于会议举办地的影响作用是显而易见的,不仅可以扩大举办国的政治影响,提高会议举办城市的知名度,而且对于会议举办地的经济发展、市政建设、环境卫生,甚至市民的精神状态都有促进作用。例如,2022年,G20峰会第十七次峰会在印度尼西亚巴厘岛召开,极大地推动和促进了巴厘岛的旅游业发展。此外,参加会议旅游的与会者往往都是企业代表,会议旅游者比其他类型旅游者有着更多的可支配收入和购买欲望,而一些国际性会议旅游者的购买能力可能更高。

(二)发展持续,时间均衡

在知识化、信息化时代,信息交流、知识更新成为人们必不可少的生活内容。会议旅游的发展受到政治、经济、社会、自然等诸多因素的影响相对小,因而在发展过程中的波动性明显小得多,发展持续性强。会议活动多以工作为目的,一般根据实际需要安排,受其他因素(如气候条件)影响较小。会议旅游更可能在会展举办地的旅游淡季举行,避开假期,选择工作日举行。会展旅游者团队规模大,必须避开消遣旅游者的出游高峰时间。此外,会议主办者对价格很敏感,更喜欢在旅游淡季举办会展,以获得优惠的会展产品价格。

(三)地域差异,集中度高

从国际会展活动的区域分布情况看,欧美发达国家处于发展的前列,广大发展中国家和欧美以外地区的国际会议活动数量则相对较少。但是近年来,国际会展活动在区域分布上出现了一些显著的变化。尤其是亚洲会展经济的崛起,标志着新的会展区域格局已经出现。亚洲多年来经济持续发展,已经涌现出一批新兴的经济强国和地区,如韩国、新加坡、泰国、中国香港和台湾地区等。例如,2022年,亚太经合组织第二十九次领导人非正式会议在泰国曼谷举行。会展活动在一个国家内部同样呈现出这一特点,即绝大多数的会展活动都发生在少数经济发达、知名度高的全国或地区性中心城市。例如,2016年,G20峰会在我国杭州召开;依托得天独厚的优质资源,海南已成为世界各大型机构和会议组织开展会奖旅游的热门选择,如博鳌亚洲论坛、世界旅游旅行大会、海南国际旅游岛欢乐节、海南国际海洋旅游博览会、海南国际美食博览会、海南世界休闲旅游博览会、海南国际房车露营休闲博览会、海南目的地婚礼博览会,等等。

四、会议旅游活动的构成要素

(一)主体

1. 会议旅游者

会议旅游者是指以参加会议和参与旅游为活动内容的旅游者。由于会议旅游活动把会议与旅游交织在一起,举办大型国际会议,不仅能扩大主办国家或地区在世界上的知名度和影响力,而且能促进主办城市的市政建设、交通建设、环境卫生、精神面貌的改善,还能为主办者带来可观的经济效益。因此,会议旅游者日益得到许多国家和地区的欢迎和重视。

2. 与会者

即会议代表、参加会议者。他们是会议旅游中最主要的组成部分,也是会议旅游活动主要的服务对象。与会者又可以根据身份和地位的不同分为会员代表和非会员代表、一般代表和VIP等。

(二)客体

1. 会议旅游资源

会议旅游资源是指吸引会议旅游者前往会议举办地的各种因素的总和,也可称为会议旅游吸引力因素或会议旅游吸引物。会议旅游资源是会议旅游产品的基础。会议旅游资源可以认为是足以将旅游者从其惯常居住地吸引到会议主办地的会议相关要素。这些吸引要素包括会议创意,会议附带的文化活动、相关商务活动或展览,会议相关设施,以及主办地其他与会议相关的有吸引力的事物等。

2. 会议

确切地说,会议因素包括会议和会议的附属活动。其中,会议是会议因素的主体,也是会议旅游资源的核心部分。会议是引发会议旅游活动最根本的吸引力因素,是所有会议旅游产生的根本原因。所以,会议旅游产生的前提是会议的存在。一个地方要发展会议旅游,首先就要争取成为会议的举办地,即获得会议的举办权。会议并非旅游地固有的旅游资源,在大多数情况下也非旅游地自身创造的,而是要通过系统的努力和激烈的竞争从会议主办者(如国际组织、跨国公司等)那里争取到,这是会议作为旅游资源与其他旅游资源的重要区别。

(三)中介

会议旅游业是指为会议旅游者提供其旅游活动所需要商品和服务的部门及行业的总称,它属于第三产业,是会议行业和旅游产业的结合体。会议旅游业由会议旅游特征企业、会议旅游相关企业、会议旅游管理机构和行业组织三部分组成。

1. 会议旅游特征企业

会议旅游特征企业是指专门为会议旅游者提供服务,市场对象主要是会议旅游者的企业,如会议公司、会议中心、目的地管理公司等,也包括专门经营会议旅游业务的旅行社和以会议旅游者为主要客源的会议饭店。会议公司是从事会议的策划、组织、协调、安排以及招揽和接待会议旅游者的专业公司,也称专业会议组织者。会议公司主要从会议主办者那里承接会议旅游业务,并将部分住宿业务分配给其他会议旅游企业。

2. 会议旅游相关企业

会议旅游相关企业是指为会议旅游者提供服务但会议旅游者不是其主要市场对象的企业,如旅行社、旅游饭店、旅游交通企业、旅游景区等。

3. 会议旅游管理机构和行业组织

会议旅游管理机构是指专门负责会议旅游行政事务的政府职能部门,如会议局、旅游局、会议旅游局、交通管理部门等。会议旅游行业组织是由与会议旅游有关的企事业单位和社团组织组成的非营利性的行业协会。

五、会议旅游的发展趋势

会议旅游是一种新兴的旅游项目,它呈现出以下几种发展趋势。

(一)会议旅游活动向全球化发展,国际竞争日趋激烈

随着世界贸易组织的建立,经济全球化和国际一体化趋势进一步增强。越来越多的会议活动走向海外,并以前所未有的速度向世界各个角落扩展。会议旅游活动的主题更多地与全球化问题相关,并且国际会议旅游的参与国不断增多,全球参与的会议旅游活动进一步增加。

参与国际会议旅游市场竞争的国家越来越多,加剧了会议旅游业的国际竞争。此外,越来越多的会议旅游企业也参与全球市场的竞争,谋求更大的发展机会。

(二)会议旅游消费逐步上升,对价格日益敏感

随着世界各国社会经济的持续发展,与会代表的消费能力稳步提高。由于会议旅游业竞争日益激烈,在这样的市场格局中,价格往往是取得竞争优势的重要手段。因此,会议主办者在选择会议举办地和会议旅游企业时,对价格日益敏感。

(三)会议旅游业内部合作趋势加强

竞争日趋激烈的今天,会议旅游业内部合作成为必然。饭店、会议中心、旅行社等各类企业将更多地联手协作,建立紧密的合作关系。

(四)与会者年轻化,女性与会者增多

在现今的会议旅游活动中,与会代表更趋年轻化。随着女性在社会生活中的地位日益提高,女性与会者的数量不断增加,这就使会议旅游接待企业必须增加或改进服务项目和设施设备。

(五)会议举办地逐渐向中小城市发展

由于许多大城市的旅游费用上升、交通拥挤、环境嘈杂,更多的会议主办者把目光转向中小城市,这些城市一般都具有优美的环境、独特的旅游资源、古朴的民风和较好的地理位置等特点,更多的会议旅游者愿意前往这样的会议旅游目的地。

(六)会议旅游与展览旅游、奖励旅游相融合,技术含量日益增加

"会中有展、展中有会"的旅游形式越发常见,同时,会议旅游与奖励旅游相结合的特点更为突出。很多企业在奖励旅游过程中大都穿插以激励、表彰员工为目的的会议活动。此外,网络技术、多媒体技术的发展,计算机、通信设备等更新换代速度加快,都需要会议旅游设施不断更新,才能满足会议旅游者的需求。

小贴士

世界互联网大会

世界互联网大会是由中国国家互联网信息办公室和浙江省人民政府联合主办、每年在浙江省嘉兴市桐乡乌镇举行的世界性互联网盛会。首届世界互联网大会于2014年11月19日至21日举行,近100个国家和地区的1 000多名网络精英齐聚乌镇。这是我国首次举办的规模最大、层次最高的互联网大会,也是世界互联网领域一次盛况空前的高峰会议。

2021年世界互联网大会·乌镇峰会于2021年9月26日至28日举行,大会围绕"迈向数字文明新时代——携手构建网络空间命运共同体"这一主题,采用"线上+线下"相结合的方式举办,来自全球96个国家和地区的2 000多位嘉宾参会。大会期间举办了20场分论坛,分别聚焦5G、人工智能、开源生态、下一代互联网、数据与算法等网络技术新趋势、新热点,充分回应各方对数据治理、网络法治、互联网企业社会责任等问题的关注。

大会首次开通视频会议直播平台,首次举行"携手构建网络空间命运共同体精品案例"发布展示活动。大会期间,揭晓了14项世界互联网领先科技成果,发布了《世界互联网发展报告2021》和《中国互联网发展报告2021》蓝皮书,举行了"直通乌镇"全球互联网大赛总决赛,为期四天的"互联网之光"博览会吸引了300余家中外知名企业和机构参展。

文章来源:新华社,2021年9月28日

第二节　会议旅游目的地及会议旅游运作

一、会议旅游目的地应具备的条件

要成为会议旅游目的地,在旅游资源和会议设施等方面要具备一定的条件。

(一)旅游资源条件

一个城市具有丰富的旅游资源会提高城市会展活动的吸引力,具备特色的旅游资源,成为会展业发展的一个必备条件。2016年,G20峰会在我国杭州举办的一个重要原因就是杭州风景如画,是历史文化名城,也是创新活力之城,给与会人员呈现一种历史和现实交汇的独特韵味。

(二)人员和设施条件

发展会议旅游的关键就是要有一支训练有素、精于开拓市场、善于组织管理的专业队伍。此外,现代化的会议设施是开展会议旅游的物质基础和先决条件。许多会议旅游目的地的成功得益于良好的会议设施。例如,作为杭州G20峰会主场馆,杭州国际博览中心主体建筑由地上5层和地下2层组成,总建筑面积85万平方米,是目前全国最大的会展类单体建筑。

(三)政治和经济条件

政治局势要稳定。国际形势和平稳定,没有战争、恐怖活动或其他突发性事件发生;会议主办国与周边国家友好相处。此外,会展业成本较高,无论举办何种会展活动都需要一定的经济实力和资金投入。例如,杭州经济发达,实力雄厚,这也是其能举办2016年G20峰会的重要原因。

(四)区位和环境条件

发展会议旅游必须具有优越的地理位置和便利的交通条件。世界上最重要的150个专业展览会中有近120个都在德国举行,与其地处欧洲中心、交通便捷密切相关。此外,生态环境优良也很重要。

(五)形象条件

发展会议旅游的城市要有鲜明的城市形象。城市的吸引力在于城市形象,城市旅游资源的丰富和文化内涵则是营造城市形象的一个重要方面。例如,近年来北京对标国际最高标准、最好水平,打造国际会议旅游目的地,在改善空气质量方面卓有成效,将"APEC蓝""阅兵蓝"变成"常态蓝",推动首都生态环境持续改善,提升城市形象。

二、会议旅游运作的基础条件

会议旅游运作的基础条件包括会议机构的组建和人力资源的开发和管理。

(一)会议机构的组建

(1)企划部:基础部门,包括企业策划和会议项目策划两部分。
(2)业务部:关系到企业盈利与否的重要部门,有的也叫招商部。
(3)运作部:最关键的部门,负责会议项目从开始到结束的组织、安排和协调。
(4)财务部:控制企业经营效益,使企业获得最佳的经济效益。
(5)人事部:负责会议公司员工和会议活动所需要的人员的招聘、培训、考核等。
(6)工程部:保证水电、音响、空调、通信设施的运行。
(7)保安部:维护企业的正常运作,为会议活动提供安全服务。

(二)人力资源的开发和管理

(1)人员的基本要求:知识广博,业务精通,能够理论联系实际。
(2)人员能力要求:
①策划能力:能够设计、安排、协调。
②创新能力:能够推陈出新,产生吸引力。
③公关能力:能够沟通交流,交际能力、语言能力强。
④组织能力:能够协调各方面利益的合理分配。

三、会议旅游运作的流程

会议旅游运作的流程可简要分为会议前流程(申办—开会前迎接)、会议中流程(开会前迎接—会议结束)和会议后流程(会议结束—评估总结)。

(一)会议前的会议旅游活动

1. 会议申办

大型国际会议的申办通常有以下几种方式。

(1)会员国轮流主办。一般按参加组织先后或国名英文字母的顺序轮流。例如,G20峰会就是轮流举办,每年一次。

(2)地区性轮流主办。有些重要国际组织会员分布在世界各国,每年或每两年在世界各地区召开国际会议。为了让分布在世界各地区的会员国都有机会主办,因此指定轮流在某些地区召开,然而某一地区可能有好几个会员国。例如,亚洲地区可能由该地区有意争取主办的会员国提出申请企划书或仅以书面方式表示有意承办,再由这个组织的监理事会或特别成立的"评估小组"来表决,由获选的会员国主办。一般来说,组织的知名度、会议的效益及权威性越高,会员国之间的竞争也就越激烈。

(3)竞标方式主办。这是会员国最具挑战性的主办争取方式。竞标的方式通常要花费相当长的时间去苦心经营,通常有意主办的会员国会将相关的先决条件列在招标书中。一次竞标工作可以分成三个步骤:拟定竞标企划书;了解竞争对手,更好地展示竞争优势;接待评比人员考察。

小贴士

北京成功申办2008年奥运会

2001年1月17日,北京2008年奥运会申办委员会向国际奥委会递交了北京2008年奥运会《申办报告》。2001年7月13日,国际奥委会第一一二次会议在莫斯科举行,会议投票决定2008年奥运会举办城市。北京时间晚11时10分,时任国际奥委会主席萨马兰奇宣布北京获得2008年奥运会举办权。喜讯传来,全国各族人民欢欣鼓舞。党和国家领导人同首都各界群众一道,出席了在中华世纪坛举行的庆祝北京申奥成功联欢晚会。

文章来源:百度百科

2. 会址的考察

为了顺利地召开会议,选择适当的会址极为重要。会议举办方不仅要对会议的地点、设施、环境、服务水平等进行评估,而且要对可能涉及的交通服务、酒店服务、参观游览等项目进行考察。

3. 协商谈判,确定会址

根据与相关方面的谈判,确定会议的举办地,其既可以是专门的会议中心,也可以是会议型酒店。

4. 预订酒店和车票

为与会者安排适合其身份的酒店关乎会议能否顺利完成。选择酒店的时候需要考虑很多方面,如地点、价格、设施、服务等因素,有时需要多家酒店为与会者提供房间。同时,使与会者顺利返回也是保证会议成功的关键,提供与会者所希望的交通服务既反映了会议组织者对有关方面的重视程度,也体现了组织者的业务水平和能力。

5. 会议的宣传营销活动

利用会议举办地的旅游资源来申办会议和吸引参加者是会议宣传营销活动常用的手段,其不仅关乎与会者数量和会议的规模,更为重要的是可以提高会议的品质认可度和对品牌的忠诚度。

6. 与相关服务和旅游公司洽谈服务事宜及会后的旅游安排

会议结束后的游览活动是会议旅游不可分割的一部分,各类会议一般都会在会后为与会者提供这类服务。因此,会议举办者在会前就应当与旅游公司或旅行社进行洽谈,特别是具体行程和价格方面的问题。

7. 迎接和迎宾

对于来自异地的与会者,如何使其顺利抵达会议举办地和下榻的酒店是会议举办者的责任。会议举办者不仅要在机场和车站设置专门机构和人员负责接站,安排专门车辆负责接送,而且要在会址和酒店配备专门人员负责接待。

(二)会议中的会议旅游活动

1. 会议中的商务服务

一般来说,会展会场大多会设立商务中心,为参会者提供便利的商务服务,但是如果碰巧没有设立的话,那么会务承办方就要自行承担商务服务职责,因此熟记商务服务内容是必要基础。

会展中心主要有以下用品:复印机、传真机、电传机、多功能打字机、录音机、碎纸机及其他办公用品。

商务中心的服务项目包括:复印服务,打字服务,电传服务,传真服务,电报服务,翻译服务,听写、会议记录服务,抄写、文件核对服务,代办邮件服务,会议室出租服务等。还有一些代办服务,如代购物品服务、代取邮件、代客邮寄等。

2. 会议期间的社交安排

包括文娱活动、宴会、小型餐会或酒会和其他各类参观活动。

(三)会议后的会议旅游活动

1. 参观游览

游览会议举办地是会议旅游必不可少的内容,不仅可以让与会者放松身心,也可以提供更多社交的机会。游览既可以在当地进行,也可以在周边活动。其形式也是多样的,既可以进行人文景观的游览,也可以进行自然景观的观光;既可以休闲放松,也可以求新探异。

2. 返程票的预订服务

为了让与会者顺利返回,会议举办者需提供高质量的返程车票预订服务,不仅要保证能够预订到足够数量的返程车票,也要根据与会者的要求预订不同类型的交通工具。

3. 会议纪念品的定制分发服务

会议举办者应根据会议性质和当地特色定制有代表性的纪念品。会议纪念品不仅可以使与会者对会议及组织者保持较深的印象,同时也会对会议和会议举办者起到宣传的效果。

4. 送客服务

送客服务是会务服务的最后一项,周到而细致的送客服务往往会使与会者对会议和会议举办方留下美好的印象,有时甚至可以减轻会议中出现失误所造成的不良影响。送客服务可根据具体情况安排专人专车或公共汽车服务等形式。

案例分析

博鳌亚洲论坛

博鳌亚洲论坛由25个亚洲国家和澳大利亚发起,于2001年2月27日在海南省琼海市万泉河入海口的博鳌镇召开大会,正式宣布成立。

论坛为非官方、非营利性、定期、定址的国际组织,为政府、企业及专家学者等提供一个共商经济、社会、环境及其他相关问题的高层对话平台,海南博鳌为论坛总部的永久所在地。

博 鳌

小镇博鳌位于海南岛东海岸,面积只有大约31平方千米,常住人口1万多人。因踞守其中心位置的东屿岛酷似一只游向南海的巨鳌,因此得名"博鳌"。博鳌是一个自然生态保护得近乎完美的地方,有着"中国的达沃斯与戛纳"之称。昔日的小渔村,如今摇身一变,成了度假胜地。

成立的背景

亚洲论坛是在经济全球化进程加快和亚洲区域经济合作迅速发展的背景下成立的。1998年,时任菲律宾总统拉莫斯、时任澳大利亚总理霍克和时任日本首相细川护熙提出建立"亚洲论坛"的构想。

在中国政府的大力支持下,26个发起国的代表于2001年2月27日聚会博鳌,宣告成立博鳌亚洲论坛,并通过《博鳌亚洲论坛宣言》。

宗 旨

1. 立足亚洲,促进和深化本地区内和本地区与世界其他地区间的经济交流、协调与合作。

2. 为政府、企业及专家学者等提供一个共商经济、社会、环境及其他相关问题的高层对话平台。

3. 通过论坛与政界、商界及学术界建立的工作网络为会员与会员之间、会员与非会员之间日益扩大的经济合作提供服务。

26个国家

2001年2月27日,来自澳大利亚、孟加拉、文莱、柬埔寨、中国、印度、印度尼西亚、日本、伊朗、哈萨克斯坦、吉尔吉斯斯坦、老挝、马来西亚、蒙古、缅甸、尼泊尔、巴基斯坦、菲律宾、韩国、新加坡、斯里兰卡、塔吉克斯坦、泰国、土库曼斯坦、乌兹别克斯坦和越南等26个国家的代表在我国海南省博鳌召开大会,正式宣布成立博鳌亚洲论坛。博鳌亚洲论坛致力于通过区域经济的进一步整合,推进亚洲国家实现发展目标。

举行的时间

2004年4月,博鳌亚洲论坛理事会成员达成一致意见:今后,论坛年会将于每年4月的第三个周末定期举行。

论坛意义

博鳌这样一个开放、包容、非官方论坛使得更多的人聚到一起,为世界的发展畅所欲言。一年一度的博鳌亚洲论坛年会传出的智慧之声、先知之声、探索之声,已经成为面向亚洲、影响全球的"思想盛宴"。

作为对本地区政府间合作组织的有益补充，博鳌亚洲论坛将为建设一个更加繁荣、稳定、和谐相处且与世界其他地区和平共处的新亚洲做出重要的贡献。

文章来源：百度百科

思考：博鳌亚洲论坛的举办对海南旅游业有哪些影响？

对旅游业的影响：(1)提高旅游目的地的整体形象；(2)成为海南旅游国际化的载体；(3)推动旅游产业转型升级。

第三节　会议旅游的管理

一、会议旅游的项目管理

(一)项目的选定

包括地点、时间、方式、服务和人员的选定。

(二)项目的设计

1. 设计的原则

(1)风格鲜明、特点突出。会议的举办要风格鲜明、特点突出，可以通过旅游因素来体现。例如，"大反差"就是会议组织者常用的方法：坐落在大城市的企业会把会议的地点选在风格迥异的小城镇；快节奏的公司会把会议地点选在慢节奏的休闲旅游胜地，如海滨。

(2)安全可靠。会议的举办者和运作者在设计和选择会议旅游项目的时候，要将"安全"作为首要的因素考虑在内，那些包含危险因素的旅游活动和旅游项目不应推荐给客人。

(3)会议为主，旅游为辅。会议是会议活动的主体，而旅游因素只是其中的一个组成部分，它是为会议活动服务的。

(4)灵活多样，多种选择。会议的参加者来自不同的企业、部门或处于不同的职位，当然也就有不同的爱好、兴趣。所以，对于会议旅游内容的设计不能千篇一律。

2. 设计流程

(1)信息收集和分析。这是会议旅游项目设计的第一步，信息是确定需求的基础。在设计会议旅游项目和产品的时候，首先了解市场上都有什么样的需求、有什么样的竞争产品，市场盈利状况和发展前景如何，等等。同时，也不能忽视会议举办者和与会者的愿望。

(2)确定目标。在信息收集和分析的基础上才能够确定会议及会议旅游的目标。

(3)开展创意策划。丰富的信息和明确的目标为会议旅游的创意策划提供了依据，然后运用头脑风暴法进行创意策划。

(4)反复论证。一般来说，一个创意需经过反复论证后方能成为最终方案。

(5)形成行动方案并制定预算方案。这个环节主要是明确会议旅游各项内容,如会议及会议旅游目标、实现会议及会议旅游所必需的条件、会议及会议旅游的方式和方法、会议及会议旅游策划与安排的步骤和时间、会议及会议旅游所需人员和经费、各项具体方案的效果和评估等内容。

二、会议旅游的宣传管理

(一)不同形式会议的宣传策略

1. 公司会议的宣传

宣传对象:与会人员。

宣传策略:印刷宣传品、公司自媒体宣传;推销高端旅游产品。

2. 协会会议、大型会议的宣传

宣传对象:与会者(包括潜在与会者)。

宣传策略:邮寄宣传册、广告、公关、举办新闻发布会、自媒体宣传;推荐差异化旅游产品。

3. 展销会的宣传

宣传对象:展销商、社会公众。

宣传策略:媒体广告、自媒体;会议组合、专项旅游产品、门票折扣、名人参与等。

4. 博览会的宣传

宣传对象:参展商、客商、社会公众。

宣传策略:媒体广告、自媒体;会议组合、差异化旅游产品。

(二)会议旅游的广告管理

广告对象:会议相关人员。

广告形式:新媒体、印刷媒体和户外媒体等。

三、会议旅游的收益管理

主要收益:会费、赞助费、有偿广告等。

联合举办方缴费:摄影公司、旅游公司、航空公司、餐厅、出版商、纪念品公司和出租汽车公司。

其他服务性收费:摄影摄像、纪念品和门票等。

四、会议旅游的运作管理

(一)文娱活动的运作管理

对于冗长的会议日程,娱乐活动可以起到调整节奏和活跃气氛的作用。因此,在很多会议旅游活动中,都会安排或多或少的娱乐活动,既可以单独安排,也可以作为其他活动的组成部分安排。在选择娱乐活动时,可以考虑现成的产品,如当地的音乐会、文艺演出、体育比赛等。

(二)旅游观光活动的运作管理

旅游观光是会议旅游不可或缺的一部分,有时甚至成为吸引与会者前来的主要因素,会议主办者在选择会议举办地时也会非常看重当地的旅游资源和环境。一般来说,会议主办者会选择和旅游企业合作,让其设计、策划组织旅游观光活动。而旅游企业在设计此类产品的时候,不仅要考虑与会者的参与能力、文化背景、兴趣爱好、风俗禁忌等,还要考虑为与会者留下选择的余地。

(三)特殊人员的接待管理

会议旅游中的特殊人员主要是指与会者的亲属、VIP客人、新闻记者、国际与会者、残障人士等。

1. 与会者的亲属的接待

与会者参加会议旅游活动时,有时会和亲属一同前来。据统计,如果有家属在身边,与会者就会在会议地点停留更长的时间,参加旅游活动会更加积极,消费也更多。因此,加强对与会者家属的接待工作就显得非常重要,不仅要给予其和与会者相同的重视和礼遇,还要有针对性地"区别对待",如对待成年人和儿童就要有所区别。

2. VIP客人的接待

对于会议旅游活动而言,VIP一般是指政要、名流、企业高层管理者、重要客户、会议的组织者或策划者等。对这类与会者,接待的规格要适当提高,主要体现在迎送、住宿安排和安全保障三方面。

3. 媒体接待

新闻媒体对会议旅游的报道不仅影响会议本身,更重要的是影响会议品牌、会议主办者和运作者的声誉,甚至是会议今后的举办。新闻记者在会议旅游中的活动主要是记者会和采访两种形式。记者会是会议主办者进行宣传的大好时机,可准备必要的设备和材料;而对于记者的采访,主办方应本着合作和积极配合的态度,当然在一些敏感的问题上可适时回避记者的采访。

4. 国际与会者的接待

对于大多数国际与会者来说,接待环节的一个重要问题就是办理签证。会议主办者一般会向国际与会者发出大会正式邀请函,而国际与会者凭邀请函到使领馆申办签证。除此以外,会议主办者还需要安排好国际与会者的接送事宜、出入关事宜,以及相应的旅游活动事宜。

5. 残障人士的接待

与会者中,有一些可能是残障人士,对此,会议主办者应设立相应的服务协调机构专门接待此类与会者。不仅要在会议和旅游活动的设计和安排上考虑此类与会者,而且要为其安排专门人员提供服务。

案例分析

我国的会议旅游应该向瑞士学点什么

仅有北京市两个半大的瑞士,从飞机上看像一个绿色的大花园,绿草茵茵,景色宜人,可称得上是欧洲的缩景图。

瑞士是一个多山的国家,白雪皑皑的阿尔卑斯山占国土面积的60%,就是这样一个资源不丰的国家,凭借着迷人的自然风光、浓郁的文化气息和完善的旅游设施,吸引了成千上万的旅游观光者。旅游已成为瑞士在机械、化工之后的第三大支柱产业。瑞士是如何把山水风光做成一个大产业的呢?

瑞士对旅游资源的开发首先是以保护生态环境为前提的。瑞士驻华文化参赞岑达意先生说过,瑞士对生态的建设不仅仅是为了旅游,而是为了民族的长远生存。早在19世纪,瑞士就有了专门的法律来保护森林。20世纪50年代,随着工业的发展,瑞士又及时制定和完善了有关治理污水及保护环境的法律。而汽车尾气的排放标准,瑞士在整个欧洲是最严格的,如在著名的日内瓦湖区周边绝不能有污染的工业。据介绍,瑞士人外出登山旅游时,总爱带上清洁袋,这样可减少对环境的污染。瑞士还有很多的法律,如已建一百年及以上的老房子不能拆,古老的村庄就这样完好地保存下来。同时,每个小镇对建筑外观都有规定,不管是谁来建设,建筑材料必须统一规格,屋顶和外墙都有专门人员设计统一的建筑风格,使新建筑与当地风貌保持和谐的统一。严格的环保法律保护了当地的生态环境。当我们走过瑞士的日内瓦、苏黎世、洛桑等地,便会发现无论是城市还是山间、湖泊,到处都非常干净整洁,没有什么废弃物,看到的只有草木葱绿、湖水清澈的美景。

以召开世界经济论坛而闻名的达沃斯,风光旖旎。达沃斯旅游局的工作人员介绍,旅游是达沃斯的第一支柱产业,达沃斯的旅游收入居瑞士各城市的第三位,因为这里有独一无二的自然风光,还有各种完善的体育及旅游设施。达沃斯是欧洲的滑雪胜地,每年旅游收入的50%来自冬季。达沃斯的会议旅游也占有很重要的地位,每年的会议旅游占全年旅游总收入的8%~10%。这里的体育、旅游设施的60%是州或当地政府兴建的,其余为私人公司兴建。当我们走进达沃斯会议中心时,发现里面的建筑装修并不像我们想象的那么豪华,但这里的音响及其他设施却是世界一流的。达沃斯国际性和地区性会议较多,每年在这里召开的国际性会议有35个,地区性会议有170个。为什么这个拥有1万多人的小城能成功举办世界经济论坛?瑞士联邦旅游局驻北京的首席代表说:"达沃斯举办的世界经济论坛之所以成功,主要是依靠当地优美的自然风光、完善的旅游设施和成功的商业运作。此外,达沃斯还有多年承办会议的丰富经验。"

瑞士特别注重旅游资源的开发和保护。许多城市都分新城和老城,在旅游的开发中,不仅注重新城的开发,更注重老城的保护,两者皆有其特色。日内瓦被称为"世界花园城市",它分为老城和新城。走进老城区我们会感受到中世纪古典淳朴的气息。街区狭窄,碎石铺地,老式建筑精巧别致。12世纪修建的哥特式建筑——圣彼得大教堂在城区的最高点,城南有日内瓦历史艺术博物馆等几家不同风格的博物馆。日内瓦不仅风景秀丽,而且还是世界著名的国际性城市。由联合国总部、国际红十字会等200多个重要国际组织总部组成的新城区让人感受到现代的气息。据日内瓦旅游局负责人介绍,这些国际组织每年在日内瓦举行数以千计的会议,因而日内瓦的国际会议、展览较多,这大大促进了日内瓦旅游业的发展,其中会议旅游收入占日内瓦旅游总收入的70%。

瑞士的伯尔尼、苏黎世都是中世纪与现代化相结合的城市。漫步老城可以看到弯曲的小路、古老的欧式建筑、叮当作响的电车。伯尔尼于1852~1857年建造的联邦议会大厦至今还在使用。与老城的古朴相对照,两个城市的新城建设完全是现代化的,但却不像其他发达都市那样高楼林立,而是以底层的现代住宅居多。特色是旅游产品的生命,瑞士这种既古朴典雅、又充满现代气息的特色优势,恰是瑞士旅游兴旺的原因之一。

有人说瑞士的风景是"人间仙境",正是山水风景为瑞士创造了无限的价值,创造了出乎瑞士人意料之外的该国第三大朝阳产业。

案例来源:王保伦《会展旅游》,有删改

第三章 展览旅游

第一节 展览旅游概述

一、展览旅游的概念

(一)展览

展览是一种既有市场性也有展示性的经济交换形式。在古代,它曾在经济交流中起到重要的作用;在现代,它仍在很多方面发挥作用,包括宏观方面的经济、社会作用和微观方面的企业市场营销作用。

世界各国对于展览的概念莫衷一是,对展览的定义尚无统一的共识。本书主要从展览旅游研究的角度出发,对展览进行更广范围的定义。

展览就是将物品专门陈列供人们观看,在展出内容、时间、规模和形式诸方面具有很大的灵活性。展览既包括各类经济贸易展览,也包括各类艺术、文化、教育等领域的非经济目的的展览;既包括在各类展览馆举办的展览会,也包括固定场所举办的展览,如博物馆展览;既包括展期不超过半年的短期展,也包括长期展。

(二)展览旅游

展览旅游是指为参与产品展示、信息交流和经贸洽谈等商务活动的专业人员和参观者而组织的一项专门的旅行和游览活动。

相对于会议来说,展览要求的是聚人气、讲规模、重品牌,举办地需经济实力强大、基础设施良好、商业环境优越、文化氛围浓郁、信息辐射迅速、进出交通便利。旅游企业在人员接待、事务协调、活动安排、票务预订等方面均比专业展览公司具有优势,由于市场需求和展览活动的激发,展览旅游便应运而生。

我们可以从以下四个方面来理解展览旅游:

(1)展览旅游是一种旅游活动,从旅游需求看,展览旅游是特定个人或群体到特定地方参加各种展览会以及可能附带相关的参观游览及考察活动的一种旅游形式。

(2)从旅游供给看,展览旅游是指特定机构或企业以组织参与各类展览活动为目的而推出的一种专业旅游产品。

(3)展览旅游与商务旅游有重合之处。

(4)展览旅游是以展览为依托的、有组织的、具有巨大商业价值的系列综合性旅游。

二、展览旅游的类型

(一)按规模分类,可分为大型展览会、中型展览会与小型展览会

1. 大型展览会

大型展览会指单个展览面积超过 12 000 平方米的展览会。

2. 中型展览会

中型展览会指单个展览面积在 6 000~12 000 平方米的展览会。

3. 小型展览会

小型展览会指单个展览面积在 6 000 平方米以下的展览会。

(二)按时间分类,可分为定期展览会与临时展览会

1. 定期展览会

定期展览会指的是展览举办时间具有相对固定周期的展览会,如每年春秋两季在广州举办的中国商品进出口交易会。

2. 临时展览会

临时展览会是指根据需要和条件举办的没有固定举办周期的展览会,如经常在各大城市进行巡回展览的各种文化艺术展览会。

(三)按专业性分类,可分为专业展览会与综合展览会

1. 专业展览会

专业展览会往往只涉及某一领域的专业性展出,专业性很强。随着产品服务的细分化和市场竞争的激烈化,展览会的专业性会越来越强。

在国际上,专业性的展览已成为会展业发展的主流,代表会展经济的发展趋势。一些综合性的展览已经被细分为若干个专业展,如汉诺威工业博览会就是由若干个专业展(如机器人展、自动化立体仓库展、铸件展、低压电器展、灯具展、仪器仪表展、液压气动元件展等)组成的综合展。这些专业展的规模和水平均居世界一流,且一般两年举办一次。这样,尽管"工博会"年年办,但细分的各个专业展题目却不重复,而且每个专业展规模都很大,一般至少在 2 万平方米。同时,关于同一主题的展览会也可以细分为许多小的专业展,如为适应市场的需求,国际著名的慕尼黑"国际电子元器件和组件贸易博览会"已经分化出国际电子生产设备贸易、国际应用激光、电子技术贸易、国际信息技术和通信贸易博览会。在发达国家,大型综合展览会已基本让位于专业展览会。

近年来,我国一些综合性的展览会也适应专业化的趋势,开始向专业性展览会转型。例如,创办于 1984 年的青岛对外经济贸易洽谈会原属综合性交易会,2001 年经国务院批准升级为国家级的专业博览会——中国国际电子家电博览会。2001 年 1 月青岛成功举办了第一届中国国际电子家电博览会,5 天展期吸引国内外参观者 5 万多人,海外客商 3 600 余人,成交 4 亿多美元,国内贸易成交 60 亿元。"青博会"不仅是青岛会展业与时俱

进的缩影,更是中国会展经济与国际接轨的典范,并且在海内外产生了广泛积极的影响,受到国家对外经济贸易部、科技部、信息产业部、省政府、协办单位及各参展团组的充分肯定。

2.综合展览会(博览会)

综合展览会主要展览的内容是人类一些文明进步的成果,涉及工业制造、自然地理、人文历史等各个方面。目前,世界上规模最大、影响范围最广的综合展是世界博览会。

世博会是一项由主办国政府组织或政府委托有关部门举办的有较大影响的国际性博览活动。参展者向世界各国展示当代的文化、科技和产业上正面影响各种生活范畴的成果。

世博会的雏形为7世纪我国隋代杨广在观风行殿上举行的"万国博览会"。最早的现代博览会是由英国于1851年在水晶宫举办的万国工业博览会。

2025年世博会将在日本大阪举办,主题是"构建未来社会,想象明日生活"。

小贴士

上海成功申办 2010 年世博会

我国上海市成功申办了第41届世界博览会,并于2010年5月1日至10月31日期间举行。此次世界博览会也是由中国举办的首届世界博览会。上海世界博览会以"城市,让生活更美好"(Better City, Better Life)为主题,总投资达450亿元人民币,创造了世界博览会史上最大规模纪录。

文章来源:国务院新闻办公室门户网站

三、展览旅游的特点

(一)展览旅游依托于展览活动而存在和发展

展览旅游者不是受旅游地固有的物质实体(如自然风景、名胜古迹)吸引,而主要是或仅仅是因为这一地方发生展览活动或事件。伴随着展览活动的迅猛发展,旅游业也将形成新的展览旅游品牌。但因为依托于展览活动,展览旅游的发展受到展览市场容量的限制。

(二)展览旅游与商务旅游有相同点和不同点

展览旅游与商务旅游有重合之处,但二者不是包含和被包含的关系。展览既有观赏教育功能,又有销售推广实效。参与展览活动的人群既有商业目的(如参加各种专业展),也有非商业的目的(如观摩、欣赏、参观),所以,不能简单地将展览旅游归纳到商务旅游的范畴。

(三)相比会议旅游,展览旅游具有不同的属性

展览与会议的差异决定了展览旅游与会议旅游提供的服务有所不同。会议需要场馆

提供包括音响、通信、信息系统、场地布置等在内的全面服务。展览的服务如展台搭建、物流运输等,一般由展览承办商负责,展馆只提供基础服务。在餐饮服务方面,展览一般要求简单,有基本的餐饮即可;会议则要求全面,通常有早餐、午餐、晚宴,会议期间还要有茶点等。

(四)相比观光旅游,展览旅游具有自己的特点(参展商与旅游者不同)

展览旅游的展览活动服务的主要对象是参展的人群,如参展商和观众。此外,也为伴随参展的家属提供服务。参展商不同于一般的旅游者,他们商业意识强,文化素质高,消费潜力大,时间观念强,且通常有较强的独立性,追求的是放松和自由。他们参加展览活动的区域性比较集中,参加旅游活动多为就近或顺道旅行。所以旅行社针对这些会展旅游者开发的后续旅游产品以中短线为主,组团灵活。这种旅游开发具有开发难度较大、专业程度更高、区域性更集中的特点。

四、展览与旅游的关系

(一)展览与旅游的关联性

1. 旅游业为展览业的发展提供必要条件

旅游业的兴旺发达是办好展览业的必备条件。展览活动具有异地流动性的基本特点。在参展商和观展者异地流动的过程中,旅游业为其提供食、住、行、游、购、娱和联系、接待等直接服务,为展览高效率的进行创造外部环境。

2. 展览业促进旅游业发展

展览举办地易发展成为旅游目的地。高知名度的国际性展览会能够大大提升举办地形象,增加知名度,吸引更多人的注意力,使展览举办地发展成为旅游胜地。展览活动的举办促使旅游设施的建设和完善。举办展览会,需要有高质量的会议展览设施及相应的现代化管理水平和服务水平、优美的环境与良好的形象,这势必会引起政府对旅游业基础设施的建设和更新。例如,为举办中国—东盟博览会,南宁市政府投资百亿元加快城市建设,用于完善城市功能,改善城市形象,推动旅游设施的建设和更新,尤其表现在城市旅游设施的完善上。展览活动期间,大量的参展商和参展观众的涌入对举办地的餐饮、住宿行业形成巨大的需求,为这些行业的发展创造了机遇。

小贴士

中国—东盟博览会

中国—东盟博览会(以下简称东博会)是中国与东盟10国政府经贸主管部门及东盟秘书处共同主办的国际经贸盛会,至今已成功举办19届,成为中国—东盟重要的开放合作平台,为推动中国—东盟乃至东亚地区经贸合作全面发展发挥着越来越重要的作用。

历届东博会共有110万名客商参会,展览内容围绕新兴产业和重点领域完善升级,促进中国、马来西亚"两国双园"等重大项目建设,带动国际陆海贸易新通道等重大战略实施,有力促进中国—东盟经贸合作持续深化。2021年,中国—东盟贸易额突破8 000亿美元,中国连续13年保持东盟最大贸易伙伴,东盟连续两年成为中国最大贸易伙伴;中国与东盟双向累计投资额超过3 400亿美元,成为相互投资最活跃的合作伙伴。

东博会围绕国际产能、互联互通、农业合作、卫生健康、金融服务等40多个领域举办了300多场高层论坛,中国—东盟多领域合作独特的"南宁渠道"日益深化。

历届东博会共发布80多份合作倡议、发展报告、白皮书、年鉴等,建立20多个领域部长级磋商机制,催生30多个合作平台,启动10多个培训基地,促进中国—东盟全方位、多层次、宽领域交流合作。

东博会积极践行多边主义,平台功能从服务中国—东盟(10+1)向服务《区域全面经济伙伴关系协定》(RCEP)和"一带一路"沿线国家和地区拓展。

文章来源:广西壮族自治区外事办公室网站

(二)展览与旅游的互动性

大型展览事件活动的申办和举办集中了大众媒体的传播报道,可以迅速提升举办地的知名度和美誉度,从而大大增强其旅游吸引力。此外,旅游形象好也有助于提高展览的举办效果,旅游形象不佳会对展览产生"挤出效应",如物价上涨、峰聚现象、会址变更等。

五、展览旅游的发展条件

展览业的发展是展览旅游发展的前提;旅游企业的发展是展览旅游的重要保证;展览举办地的政治、经济、社会文化和技术等宏观环境是展览旅游发展的有力支撑。具体条件包括:能够保证提供合适的场所;拥有便捷的交通条件;能够得到本国政府的支持;有充足的饭店客房;做出比较详尽而切实可行的计划;必须事先确定举办者和资助者;能够得到社会公众的积极支持;等等。

第二节 展览旅游的运作模式

一、以旅行社为核心的展览旅游模式

(一)我国旅行社的经营现状

世界旅游组织给出的旅行社的定义为"零售代理机构向公众提供关于可能的旅行、居住和相关服务,包括服务酬金和条件的信息。旅行组织者在旅游需求提出前,以组织交通运输,预订不同的住宿和提出所有其他服务为旅行和旅居做准备"的行业机构。

我国《旅行社管理条例》中指出:旅行社是指以营利为目的,从事旅游业务的企业。其中旅游业务是指为旅游者代办出境、入境和签证手续,招徕、接待旅游者,为旅游者安排食宿等有偿服务的经营活动。旅行社的营运项目通常包括各种交通运输票券(如机票、巴士票与船票),套装行程,旅行保险,旅行书籍等的销售,以及国际旅行所需的证照(如护照、签证)的咨询代办。最小的旅行社可能只有一人,最大的旅行社则全球都有分店。从旅行社衍生的职业有领队、导游、票务员、签证专员、计调员(旅游操作)等。经营旅行社必须要持有当局发出的有效牌照,并且必须是某指定旅行社商会的会员才能经营旅行团,进行带团旅行。

2015年以来,我国旅行社数量呈现不断增长态势。数据显示,2021年我国旅行社总数达42 432家,比2020年增长4.30%。2022年一季度全国旅行社总数为42 604家。目前我国旅行社的分布较为分散,其中,广东省是我国旅行社最多的地区,2021年广东的旅行社数量以3 592家排名第一,占全国旅行社数量的8.47%。

从当前我国旅行社的经营现状来看,旅行社正面临着重新定位、产品调整和升级换代的局面,而发展展览旅游正是一种理想的选择。

(二)我国旅行社开发展览旅游市场的现状

目前,我国一些大型的旅游集团已经加入了国际会展组织,开发会展旅游市场,但更多的旅游公司还没有完全介入旅游市场,或仅仅从事目的地接待的服务工作。

(三)旅行社进入展览旅游市场的策略

1.公关和宣传

一方面,旅行社在进行业务操作时,要加强同参展商的沟通联系,做好客户的维系工作。旅行社可以建立客户档案,对客源预测、市场促销、后续利用等方面加以引导和支持。另一方面,旅行社要加强同政府,以及与酒店业、餐饮业、交通业、娱乐业、商品物流业的联系。协调好与这些部门的关系,处理各种突发情况,是旅行社的主要工作之一。

加强会展旅游产品的宣传促销,首先,要对会展旅游市场的情况,包括对会展组织者和竞争对手有充分的了解,确定自己的重点目标市场,然后集中力量进行有针对性的促销活动。其次,要抓好各个时期的宣传工作。一次会展大致分为准备期、开幕期、会展期和会后期几个阶段,每个阶段都有各自的特点。旅行社要进行大量有针对性的宣传,尤其是要抓好准备阶段的宣传促销工作。

2.产品策略

为了突破局限于接待服务的会展旅游服务,增加旅游业的收益,延长参展人员、与会者及观展者的逗留时间,可以采用相应的产品策略。旅行社可将会展期间的酒店、接送、餐饮等基本服务做成主体产品,将其他配套服务及产品做成菜单,由客户根据自己的需要灵活选择,自由组合,自主性较强。

由于会展旅游者的商业意识强,文化素质高,消费能力强,他们参加旅游活动通常有很强的独立性,游览一般发生在参展之后,多数是就近或顺道游览。因此,旅行社针对这些会展旅游者开发的后续旅游产品应以中短线为主,组团灵活。可根据这些旅游者独立性强的特点,旅游产品广泛采取半包价、小包价等形式,使会展旅游者根据自身需要,机动灵活地选取相应的旅游产品。其产品主要包括：

(1) 投资考察游等专项旅游产品。鉴于会展一般在经济比较发达的大城市举行，旅行社可以根据会展商业性极强的特点，推出投资考察游等专项旅游产品。在旅游过程中，旅行社可以安排专业性咨询，提供当地的市场行情、法律法规及经济政策等方面的信息。

(2) 短平快的城市周边游。在日程安排上以半日游、一日游和两日游为主，在产品特色上突出本土文化和休闲性。一般来说，会展旅游者文化品位比较高，到异地旅游是想领略异地风情，因此旅行社在开发旅游资源时要重视文化资源。以北京为例，可以安排京郊小九寨——双龙峡和北方乌镇——古北水镇。双龙峡风景区位于京西门头沟斋堂镇火村南2.5千米，是一个新开发的景区。这里有小朋友都特别喜欢的小火车，进入景区还有大片水域可以划船。在景区最里面，有一处景点确实叫"小九寨沟"，虽然与真正的九寨沟有点差距，但总体景色不错。古北水镇是由乌镇的原班人马打造，所以神似江南水乡，结合了北方的小镇粗犷，有着独特的体验。

3. 整体促销

由政府或行业协会牵头，旅行社可组织旅游业和展览业相关企业"走出去"宣传促销。鉴于国内会展业的发展现状，要将旅游与会展结合起来"走出去"整体促销，必须由政府或行业协会牵头，旅行社协办，组织会展公司、航空公司、酒店及旅游景点等，形成一支强大的市场促销力量，运用综合的促销手段全方位、立体化地促销。

由旅行社牵头，相关部门共同出资将会展决策者"请进来"考察。有计划地邀请会展决策者到目的地实地考察，使他们对当地举办大型会展的各种有利因素、会展设施、接待条件、接待能力等有一个感性的认识，引起他们的兴趣。

4. 组团服务

在会展旅游的组织接待过程中，由于会展布置涉及场地美工、灯光效果、音响效果等因素，会展的安排涉及主题策划、会议设施租用等要素，专业要求较高，因此旅行社应同会展公司分工协作，将会展布置、会展策划交由会展公司的专业人员安排，旅行社做好其他组团服务，二者的良好对接将有助于提高会展旅游的质量和效率。

组团过程中，由参展团自己决定、联络拜访重要客户，然后将客户联络方式和拜访要求通知旅行社。旅行社根据该地的交通地理、礼仪习惯等做出时间、顺序的调整，安排细节，向参展团提出建议行程并做最终确认。由专业的旅行社组团一步到位和富有弹性地运作，既可以保证参展的成功，又可以提高参展的附加价值。

二、以博物馆为核心的展览旅游模式

(一) 博物馆的概念

博物馆顾名思义，是展出物品的场所。早期的博物馆并不具有现代博物馆的开放性和公众性，常以个人为代表，服务的对象相对而言较为小众。1989年9月，国际博物馆协会(ICOM)对博物馆的定义再次修订，提出"博物馆是为社会和社会发展服务的、向公众开放的非营利永久性机构,为研究、教育和欣赏之目的,对人类及人类环境的见证物进行收集、保存、研究、传播和展览"。这是迄今国际上较通行也相对稳定的博物馆定义,它着重强调了博物馆的服务性、公共性、非营利性和以人为本的精神。

2022年8月24日,国际博物馆协会官网公布博物馆的新定义:为社会服务的非营利性常设机构,它研究、收藏、保护、阐释和展示物质与非物质遗产。向公众开放,具有可及性和包容性,博物馆促进多样性和可持续性。博物馆以符合道德且专业的方式进行运营和交流,并在社区的参与下,为教育、欣赏、深思和知识共享提供多种体验。

(二)博物馆的类别

博物馆主要有历史类、科学类、艺术类与综合类这四种类型。

历史类博物馆如中国国家博物馆、国立美国历史博物馆等。

科学类博物馆如中国科学技术馆、东京国立科学博物馆、北京天文馆等。

艺术类博物馆如法国罗浮宫博物馆、纽约大都会艺术博物馆、国立艾尔米塔什博物馆、北京故宫博物院等。

综合类博物馆如伦敦大英博物馆、首都博物馆、南京市博物馆、甘肃省博物馆等。

小贴士

国立美国历史博物馆

国立美国历史博物馆的许多展览都别具心思。例如第一层的时钟廊,介绍不同时期人们对时间的看法与计时工具,趣味与知识并重地带领游客走过时间的历史;第二层的墙内故事,选择一栋具有200年历史的房屋,以在其中居住过的五代人与五个家庭为蓝本,将数百年的美国大众生活浓缩提炼,娓娓道来。

法国罗浮宫博物馆

法国罗浮宫博物馆是世界上最古老、最大、最著名的博物馆之一。罗浮宫位于法国巴黎市中心的塞纳河北岸(右岸),始建于1204年,历经800多年扩建、重修达到今天的规模。罗浮宫占地面积(含草坪)约为45公顷,建筑物占地面积为4.8公顷,全长680米。它的整体建筑呈"U"形,分为新、老两部分,老的部分建于路易十四时期,新的部分建于拿破仑时代。宫前的金字塔形玻璃入口是华人建筑大师贝聿铭设计的。同时,罗浮宫也是法国历史上最悠久的王宫。

大英博物馆

大英博物馆又名不列颠博物馆,位于英国伦敦新牛津大街北面的罗素广场,成立于1753年,1759年1月15日起正式对公众开放,是世界上历史最悠久、规模最宏伟的综合性博物馆,也是世界上规模最大、最著名的博物馆之一。博物馆收藏了世界各地的许多文物和图书珍品,藏品之丰富、种类之繁多,为全世界博物馆所罕见。目前博物馆拥有藏品800多万件。由于空间的限制,还有大批藏品未能公开展出。

国立艾尔米塔什博物馆

国立艾尔米塔什博物馆是世界四大博物馆之一,与巴黎的罗浮宫、伦敦的大英博物馆、纽约的大都会艺术博物馆并称世界四大博物馆。该馆于1754年在俄国女皇叶卡捷琳娜一世宫廷收藏品基础上建立。1852年起对外开放。1922年,国立冬宫博物馆与艾尔米塔什博物馆合为一体,称国立艾尔米塔什博物馆。

苏联卫国战争初期,该馆为确保藏品安全,曾将111.8万件藏品运往后方的斯维尔德洛夫斯克(今叶卡捷琳堡)保存,其余藏品都被严密封存在馆地下室内,直至战争结束,运往后方的藏品才返回原地。

冬宫是俄罗斯历代沙皇的宫殿,由于历史上最著名的女君主之一叶卡捷琳娜二世酷爱收藏,所以从那时开始,这里逐渐成为世界艺术品的重镇。现在的冬宫与小艾尔米塔什、旧艾尔米塔什、艾尔米塔什剧院、冬宫储备库、新艾尔米塔什形成了一个总面积达130万平方米的古建筑群,与其中从石器时代直至当代的近300万件珍贵收藏品一起组成了世界四大博物馆之一的国立艾尔米塔什博物馆。

该馆下设原始文化部、古希腊罗马世界部、东方民族文化部、俄罗斯文化史部、钱币部、西欧艺术部、科学教育部、修复保管部(包括6个专业科学实验室,1个生物组)8个业务部。博物馆有专家、学者350多名。

文章来源:百度百科

(三)博物馆的功能

博物馆有四大功能:收藏、研究、教育与展示,其中收藏是博物馆最基本的功能。藏品是博物馆业务活动的重要基础,举办陈列展览是博物馆的主要活动形式,也是博物馆对公众进行教育传播的重要阵地,可以说,陈列展览是博物馆工作的中心环节。

博物馆的每一种功能都有其相对应的市场,如收藏——收藏市场;研究——学术市场;教育——教育市场;展示——旅游市场。

(四)博物馆旅游的概念

以传播文化知识为主要功能的博物馆和以文化为核心的旅游业有机融合形成了一种新业态——博物馆旅游。博物馆旅游为博物馆发展提供了一条新的路径,它是近年来国内外逐渐兴起的一种新兴旅游形式。发展博物馆旅游还能为旅游业提供新的生长点。

对于博物馆旅游,目前仍没有官方定义,本书将博物馆旅游的概念界定为:将博物馆及其衍生物作为旅游吸引物,吸引游客来开展的以参观、研学、休闲、娱乐等为目的的一系列文化旅游活动的总称。

(五)博物馆旅游的特点

1. 与传统的观光型旅游相比,博物馆旅游的文化性显著

与一般的旅游景点相比,博物馆拥有更为丰富的历史文化资源,几乎包括所有的文化形态:民族、民俗、建筑等,除了能够满足参观游览者的好奇心,还能满足游览者在旅游过

程中增进知识的需求,因此博物馆旅游是文化教育深入游客的体现,它属于文化旅游的一种。另外,旅游是人们为了满足精神文化需求而进行的一种活动,其核心是人们对于不同文化的需求。文化是旅游的重要内容,因此文化性是博物馆与旅游共有的特性,这是博物馆和旅游的结合点。

2.与其他旅游资源相比,博物馆一般易于建设布局

现代的博物馆大都是一个封闭的建筑体。除了遗址类博物馆,其他类型的博物馆可以选址建造。因此,与其他旅游资源相比,博物馆易于建设布局。目前,我国博物馆的建设进入了"超高速"的发展时期。数据显示,近十年来我国博物馆数量逐年增加。国家政策对博物馆行业持鼓励发展态度,博物馆建设布局相比以前也更加优化,有的博物馆在建设初期考虑到可持续发展的需要,还留有发展扩建空间,这表明博物馆的建设管理更为科学。

3.博物馆旅游的季节影响小,能够保障参观时间

许多传统的旅游活动有很强的季节性和时间性,但博物馆旅游除了有每周一次的闭馆外,几乎不受时间和季节的限制。所以除了闭馆日,不论什么季节和天气,游客都能正常参观博物馆。

4.依靠现代科技,博物馆旅游的形式更加丰富多元

当今时代,依靠现代科技,博物馆旅游的形式可以更加丰富多元,从而带给游客不一样的体验。例如,光、声音、色彩在文物展台和展厅的使用能为游客带来不一样的视觉盛宴。博物馆的展览方式也不只局限于文物摆在展台上,可以采用AR(增强现实)、3D(三维立体图形)、VR(虚拟现实)等技术全方位、立体化、高还原进行展示。除了讲解员讲解的方式,博物馆还可以增加视频讲解、机器设备讲解等多种方式,VR数字化技术能为游客提供壮观的沉浸感。智能化体验使得知识和文化的传播富有趣味性,能给游客留下美好的游览体验。博物馆旅游多元化的开展方式为游客提供多样选择,能够满足文化旅游时代消费者的需求。

(六)我国博物馆旅游的发展现状

博物馆业与旅游业本是两个独立的行业,按照自身的行业特点各自发展。2018年国家实行机构改革,文化部与国家旅游局合并,组成文化和旅游部,以加快推动文旅融合。在文旅融合背景下,博物馆旅游驶入了快车道。2021年,我国新增备案博物馆395家,备案博物馆总数达6 183家,排名全球前列。其中5 605家博物馆实现免费开放,占比达90%以上。2021年全国博物馆举办展览3.6万个,教育活动32.3万场。

我国博物馆文化资源丰富,当务之急是将博物馆资源与旅游市场深度融合,实现博物馆旅游的快速发展。从携程2021年上半年的预订数据可以看到,博物馆旅游覆盖各个年龄层的游客群体。其中80后、90后亲子群体是科技、文化科普类博物馆旅游的主力,占比达70%以上。博物馆旅游人数不断增多的同时,也显露出一些问题,主要表现在:博物馆旅游多注重学生群体而忽视其他群体,而且教育目标狭隘;有些博物馆只是将馆内展品

简单陈列,创新意识不强,品牌意识和市场意识缺乏,不能吸引广大游客前来参观。

(七)博物馆旅游的发展对策

在文旅融合的时代背景下,针对博物馆旅游暴露出来的问题,博物馆要做出应对策略。首先,博物馆旅游要面向社会、面向大众,其价值目标不应仅限于学生群体的教育教学,而在于国民的终身教育,增强国民的文化自信,实现国家的文化传承。其次,博物馆需转变发展观念,提升创新能力,提高市场意识,培育文化品牌,成为吸引游客,特别是吸引异质文化游客的高品位的旅游资源。

未来"博物馆+旅游"发展应以大众需求为导向,既要围绕优势展品、特色展览等核心资源,完善"博物馆+旅游"的发展思路,又要进一步优化布局、加强管理,强化旅游服务设施建设,为传播文化知识、提升旅游体验、繁荣文旅市场发挥更大作用。

第四章 奖励旅游

第一节 奖励旅游概述

一、奖励旅游的概念

奖励旅游是旅游的一个细分市场。"奖励旅游"这一概念来源于国外,其英文为"incentive tour"或者"incentive travel",更准确的翻译是"激励旅游"。

"奖励旅游"的定义无论在国外还是在国内都尚存异议。国际奖励旅游管理者协会(SITE)将其界定为:"作为一种全球性的管理手段,奖励旅游通过特殊的旅游奖励来激励员工更加努力地工作或借以承认员工的突出工作表现,以便实现企业的各类指标。"美国纽约的奖励旅游组织协会认定"奖励旅游就是为企业提供额外的旅游度假机会,并以之组织和激励员工高质量完成工作任务,从而实现组织目标的一种全球适用的管理方式"。

国内有学者认为,"奖励旅游是一种管理手段,它一般是指企业对为本企业做出卓著成绩或贡献的员工以提供免费旅行的形式给予的一种奖励"。有的学者则沿用国际奖励旅游协会的定义,认定"奖励旅游为一种现代化的管理法宝,目的在于协助企业达到特定的企业目标,并对于达到该目标的参与人员给予一个非比寻常的旅游假期以作为奖励"。

二、奖励旅游的功能

(一)奖励旅游在现代企业管理中的功能

1. 奖励旅游是一种现代管理手段,是企业达到管理目标的重要手段

作为商务旅游的重要组成部分,奖励旅游是一种现代管理手段。奖励旅游表面上是对受奖个人的奖励,更重要的是对企业本身的奖励。因为奖励旅游的激励作用可以提高企业业绩、增强员工的荣誉感和向心力、加强团队建设、塑造企业文化,是达到企业管理目标、增强企业实力、促进企业良性健康发展的重要手段。奖励旅游不同于一般意义上的观光和商务旅游,它通常需要提供奖励旅游服务的专业公司来为企业"量身定做",使奖励旅游活动中的计划与内容尽可能地与企业的经营理念和管理目标相融合。一些研究管理问题的心理学专家在经过大量调查和分析后发现,把旅游作为奖品来奖励员工、客户时,其所产生的积极作用远比金钱和物质奖品的刺激作用要强、要好得多。

首先,奖励旅游是激励员工积极性行之有效的方式,通过奖励旅游中的一系列活动,

如颁奖典礼、主题晚宴、企业会议、赠送贴心小礼物等,将企业文化、理念有机地融于奖励旅游活动中。企业的高层领导若出面作陪,与受奖者共商企业发展大计,这对受奖者既是一种殊荣,同时还可有效地调节企业上下层、企业与客户间的关系,使受奖者有一种新的荣誉感,增强对企业的认同感,激励其更好地为企业服务。

其次,奖励旅游为企业与员工、企业与客户、员工与员工、客户与客户之间创造了一个比较特别的接触机会,大家可以在旅游这种比较放松的情境中做朋友式的交流,这样,员工与客户不但能借此了解企业与企业管理者富有人情味的一面,而且员工之间、客户之间也能加强彼此的沟通与了解,为今后开展工作和业务交流提供了便利。

2.奖励旅游是企业人力资源管理的法宝

奖励旅游通过企业花钱购买旅游产品,对业绩突出的优秀员工给予直接的旅游奖励;同时,奖励旅游常常与重要会议、培训结合在一起,关注员工的发展,能够提升员工的工作业绩,实现企业人力资源管理目标。

3.奖励旅游有助于企业的营销管理

奖励旅游最终是为了树立企业形象、宣扬企业的理念,以求最终达到提高企业业绩、促进企业未来发展的目标。一次较大规模的奖励旅游实际上是企业重要的市场宣传活动。较大规模的奖励旅游会有包机、包车、包场等情况,相应都会打出醒目的企业标志,如在一架奖励旅游的包机上印上醒目的企业标志,或包场某一有名的旅游景点,人们首先注意到的是举办奖励旅游的这家企业,而非那些被奖励的个人,所以无形之中,这又是企业展现自身实力、宣传企业形象的又一大好时机,倘若有媒体进行相关报道,则效果更佳。

(二)奖励旅游的其他相关功能

1.培养团队精神

企业(单位)中的员工平常在各自的岗位,上班时间各人有各人的工作,下班后有各自的业余生活,很少有在一起谈心与交流的机会。企业(单位)组织奖励旅游的目的之一就是为员工提供在一起交流的机会和场所,让员工在旅游活动中住在一起、吃在一起、玩在一起,有困难大家帮、有欢乐大家享,增进彼此的了解,加深友谊,从而增强企业(单位)的凝聚力,促进团队精神的培育。

2.拉近距离

日常工作中,员工与管理者的接触比员工之间的接触更少。奖励旅游给员工和管理者创造了一个比较特殊的接触机会,大家可以在旅游这种较为随意、放松的情境中做朋友式的交流,让员工在交流中感受管理者的情谊、管理者的心愿、管理者的期盼,从而拉近距离。

3.影响持久

奖励方式多种多样,既有物质奖励,也有精神奖励。发奖金、送奖品是一种最为普遍的奖励形式,但对受奖者来说,激励的时效较为短暂。把旅游作为奖品来奖励员工、客户时,其所产生的积极作用远比金钱和物质奖品的作用要好得多。原因是在旅游活动过程中营造的"荣誉感、成就感"氛围,使受奖者的记忆更持久,旅游活动过程中受奖者之间、受奖者与管理者之间通过交流增强的亲切感,能够激励员工更好地为企业服务。因此,这种奖励方式越来越受到企业、员工的重视与欢迎。

4. 丰富旅游产品

随着社会经济的快速发展,人们对旅游的要求也日益提升,传统的旅游产品已满足不了人们的需求,这就要求旅游业界积极拓展旅游产品,改善旅游产品结构,逐渐从单一的观光旅游向多元化发展。奖励旅游在诸多旅游产品中,效益高、前景好,已成为国际旅游市场的热点项目。推进我国旅游市场中奖励旅游产品的开发,有利于我国旅游产品结构的调整,也有利于旅游产品的升级换代和多元化发展。

5. 调控假日经济

我国开始实行长假政策后,推动了"假日经济"的发展。"旅游黄金周"诞生以来,就与拥挤、流动等联系在一起。目前,我国的旅游市场还不够成熟,特别是每年"旅游黄金周"期间,大规模的人群集中流动,给全国的旅游、交通、餐饮、住宿等带来了巨大压力。奖励旅游时间灵活,可以错开旅游旺季,把旅游人群分散开来。从这方面讲,奖励旅游可调控假期经济。

三、奖励旅游的类型

(一)按照时间划分

按照时间长短,可以划分为长期性奖励旅游和短期性奖励旅游。

(二)按照目的地划分

按照目的地,可以划分为国内奖励旅游和国外奖励旅游。

(三)按奖励旅游的目的划分

1. 慰劳型

慰劳型奖励旅游作为一种纯粹的奖励,其目的主要是慰劳和感谢对企业业绩成长有功的员工,缓解其工作压力。奖励旅游的特点是旅游活动安排主要以高档次的休闲、娱乐等消遣性活动项目为主。

2. 团队建设型

团队建设型奖励旅游的目的主要是促进企业员工之间,企业与供应商、经销商、客户等的感情交流,增强团队氛围和协作能力,提高员工和相关利益人员对企业的认同度和忠诚度,旅游过程中注重安排参与性强的集体活动项目。

3. 商务型

商务型奖励旅游的目的与实现企业特定的业务或管理目标紧密联系,如推介新产品、增加产品销售量、支持经销商促销、改善服务质量、增强士气、提高员工工作效率等。这类奖励旅游活动几乎与企业业务融为一体,公司会议、展销会、业务考察等项目在旅游过程中占据主导地位。

4. 培训型

培训型奖励旅游的目的主要是对员工、经销商、客户等进行培训,最常见的为销售培训。旅游活动与培训的结合,达到"寓教于乐",可以更好地实现培训的功效。

(四)按奖励旅游的活动模式划分

1. 传统型

这类奖励旅游有一整套程式化和有组织的活动项目,如在旅游中安排颁奖典礼、主题晚宴或晚会,赠送赋予象征意义的礼物,企业高层领导出面作陪,邀请名人参加奖励旅游团的某项活动等。通过豪华、高档和大规模来体现受奖励旅游者的荣誉,通过制造惊喜使其产生难忘的美好回忆。

2. 参与型

越来越多的受奖励旅游者要求在他们的旅游日程中加入一些参与性的活动,而不再仅仅满足于一个"有特色的聚会"。例如,参加旅游目的地当地的传统节日、民族文化活动和品尝风味餐,安排参与性强和富于竞争性、趣味性的体育、娱乐项目,甚至要求加入一些冒险性活动。参与型奖励旅游使受奖励旅游者通过与社会和自然界的接触,感受人与社会、人与自然的和谐,有助于唤起他们的责任感。

四、奖励旅游的特征

作为会展旅游的重要组成部分,奖励旅游既有与传统旅游相似的地方,又有其自身的特点(表4.1)。

表4.1 奖励旅游与传统旅游的比较

旅游要素	奖励旅游	传统旅游
旅游目的	激励、奖励员工,提高企业业绩	休闲娱乐、精神享受
客源结构	消费能力高,对价格不敏感	消费水平低,对价格敏感
目的地选择	资源丰富、配套设施齐全	资源丰富
出游时间	无季节性	明显的季节性
线路安排	特色鲜明	传统路线,无明显特色
活动内容	精彩丰富、主题明显	注重行程安排
旅游效果	放松身心、激励工作热情	解除精神疲劳、暂时放松
组织理念	以人为本、客户至上	安全周到、细致
组织行为	创造性	常规性、稳定性

(一)对象特殊

与普通员工旅游不同,奖励旅游是对已达成甚至超越企业预定业绩目标的特定对象,如员工、经销商、代理商等,所给予的犒赏之旅。更确切地讲,奖励旅游的对象是企业的"有功之臣"。他们都是从企业团体中千挑万选出来的,且通过了特定的审核获得此资格。因此,他们整体素质比较高,对企业目标、行业规范以及价值观念的认同感强,从而自觉遵守组织中共同的价值观和行为准则,受到领导和同事的认同与赞扬,在心理上会有荣誉感和满足感。他们在参与奖励旅游的整个过程中,事事处处都表现出行动的一致性,随意性小。

(二)安排特殊

奖励旅游需根据企业意图量身定做活动,不仅仅是安排特殊旅游线路与旅游活动,一般还包含企业会议、培训、颁奖典礼、主题晚会或晚宴、舞会及个性化奖品赠送等内容。这些特殊的行程安排能让受奖励旅游者感到备受尊重,并在活动结束后留下难忘的回忆。旅行社对企业的特殊要求进行深入了解,是规划别出心裁的奖励旅游行程的成功要诀。

(三)目的特殊

企业采用奖励旅游的目的除了奖励和慰劳外,还包含许多附加价值。一次精心设计的奖励旅游将给企业带来许多无形的收益,包括凝聚员工的向心力、塑造企业文化和持续鼓励员工提升工作绩效。这也是企业不直接发奖金或是实物奖励的根本原因。奖励旅游的预期效果是让每位参加者参加后都想再试一次,并增加未受奖励员工对其的渴望,从而使二者都更加热爱企业,越发努力工作。

(四)文化特殊

企业文化是企业员工在长期的生产经营活动中形成并共同遵守的最高目标、价值标准、基本信念。没有企业的经营活动也就没有企业文化的产生,企业文化是为企业经营目标服务的。企业组织奖励旅游的目的是弘扬企业文化,树立企业形象,宣扬企业理念,提高企业经营业绩,因此旅游活动的安排要与企业的文化相适应,要将企业文化有机地融于旅游活动之中。即使是企业高层领导与受奖者共商企业发展大计,也总是围绕企业文化这一主题展开。

(五)会奖结合

在奖励旅游的日程中,根据企业组织该活动的意图与宗旨,要安排诸如颁奖仪式、主题晚宴、先进事迹报告、企业发展战略研讨、工作计划讨论等会议活动,做到会、奖结合。负责承办旅游活动的专业机构(如旅行社、旅游公司等)对整个日程安排与活动布置要精心策划和设计,衬托出企业文化,营造出满足员工成就感和荣誉感的氛围,既要能达到企业(单位)举办活动的目的并激发员工的积极性,又要能给参加者留下难忘的美好回忆。

第二节　奖励旅游的发展历程

一、国外奖励旅游的发展历程

(一)国外奖励旅游的起源

20世纪初,北美和欧洲经济发达,发达的商品经济和激烈的市场竞争促进了奖励旅游的诞生。20世纪二三十年代在美国芝加哥的汽车销售业中,有的公司管理者为了提高销售额,为销售人员规定了定额指标,只要超额完成销售指标,销售人员就有资格参加免费的旅游活动。这就是奖励旅游的雏形。在当时,开展奖励旅游的主要是汽车经销商、电器分销商和保险公司推销员等销售业精英。

几乎在同时期的欧洲,苏联采取了全面规划以加速工业化的经济发展战略,并从1928年开始实施了第一个五年计划,斯大林为了激励那些完成政府五年计划的人,曾将他们送到黑海度假两周,形成了最早由政府实施的奖励旅游方式。

1920年的11月,苏维埃政府正式颁布了《关于利用克里米亚慰劳劳动人民》的法令,从此,疗养院成为苏联生活中不可分割的一部分。1930年末,全苏联有1 800多家疗养院,每年能容纳数百万访客。由于苏联人口众多,渐渐地,疗养院变成了只有劳模、先进人物、得军功章的军人还有受工伤的病号的福利。

(二)国外奖励旅游的发展

1. 初步阶段(20世纪20年代—50年代中期)

奖励旅游诞生后的很长时期内,其应用范围仍然主要是销售业,绝大多数奖励旅游由企业自己组织、实施,团队规模不大,受交通工具的限制,短程奖励旅游盛行。随着航空客机开始投入使用,航空旅行的吸引力越来越大,航空交通的发展带动了远程奖励旅游的发展,英国、德国、意大利和法国成为欧洲接受奖励旅游观念最快的国家。与此同时,奖励旅游在企业管理方面的突出作用初步显现,其他行业也开始实施奖励旅游计划。

2. 快速发展(20世纪50年代中期—90年代初期)

随着航空业的大发展,越来越多的公司加入了实施奖励旅游的行列,美国的奖励旅游兴盛起来,奖励旅游尤其是远距离的长途奖励旅游增长速度加快,此时欧洲成为美国奖励旅游最主要的海外目的地。欧洲奖励旅游市场繁荣发展,开始向外扩散并逐渐和会议展览结合在一起。

此外,奖励旅游的迅速发展促使专业奖励旅游公司的诞生,它们与航空公司和酒店商议,然后协调交通、住宿、饮食、游览、娱乐和会议等活动,负责准备促销宣传品,参与制定奖励旅游的目标等。

3. 成熟阶段(20世纪90年代初期至今)

此时,西方国家采用奖励旅游对相关人员进行激励的方式在所有的奖励方式之中占据了非常重要的地位,奖励旅游作为一种有效的企业管理手段纳入企业的管理系统,欧洲的奖励旅游市场快速增长。在北美和欧洲,越来越多的企业使用奖励旅游计划改善服务质量,激励企业雇员。同时,出现了多样化的趋势,探险奖励旅游和家庭奖励旅游等新的奖励旅游方式纷纷出现。此外,澳大利亚、加拿大以及亚洲部分国家和地区的奖励旅游也在蓬勃发展,如加拿大、新加坡等。

(三)国外奖励旅游的发展特征

首先,奖励旅游市场更倾向于高利润的行业,尤其是新兴的技术含量较高的行业,如互联网和金融等,而保险和汽车制造业仍高居奖励旅游市场的榜首地位。

其次,奖励旅游目的地选择具有明显倾向,一般选择著名的风景旅游城市、历史文化名城,以及地区中心城市或首都、国际性城市等。这些地方具有较完备的接待能力、较好的气候环境和社会环境,治安良好,社会文明,目的地形象良好,交通畅达。

再次,专业奖励旅游机构较健全。为了适应奖励旅游的迅猛发展,国外专业的奖励旅游机构纷纷建立,从事奖励旅游业务的机构基本分为三类,即全方位服务奖励旅游公司、完成型奖励旅游公司和奖励旅游部。

(1)全方位服务奖励旅游公司。这类专业公司在奖励旅游活动的各个阶段向客户提供全方位的服务和帮助:从策划到管理这次奖励活动,从开展公司内部的沟通、召开鼓舞士气的销售动员会到销售定额的制定,同时还要组织并指导这次奖励旅行。这类专业公司提供的服务相当全面,持续的时间很长,还要访问不同厂商与销售办事处,所以此类公司获得的报酬是按专业服务费加上旅游服务销售的通常佣金来收取的。

(2)完成型奖励旅游公司。这类公司通常规模要小些,它们主要是"完成"公司客户自己设计好的奖励旅游项目,业务专门集中于整个奖励旅游活动的旅游部分的安排和销售上,而不提供需要付费的策划服务。它们的收益就来自通常的旅游佣金。

(3)奖励旅游部。奖励旅游部是设在一些旅行社里从事奖励旅游的专门业务部门,其中部分奖励旅游部有能力为客户提供奖励旅游策划类的专业性服务。

二、国内奖励旅游的发展概述

(一)国内奖励旅游的萌芽

我国的奖励旅游始于20世纪五六十年代,在政府及国有大中型企业兴办的疗养院中所进行的休假疗养活动已经具备了奖励旅游的基本特征。这些疗养院大多始建于20世纪50年代,六七十年代成长缓慢,在80年代又得到了一定的发展。它们多建在风光旖旎、环境优雅的旅游风景区,或依山傍水,或在森林中、温泉旁。来休假疗养的人绝大多数都是政府机关与国有大中型企业经过层层选拔的劳动模范和先进工作者,费用由政府和企业承担,而目的基本上是出于对优秀人员的表彰和激励,这些特征和奖励旅游非常相似(表4.2)。其中,最为著名的是北戴河的疗养院,其可追溯到1898年,清政府宣布将北戴河辟为"准允中外人士相杂居住"的避暑地。1912年,北洋政府的高官开始在北戴河修建度假住所。此后数十年间,北方的北戴河和南方的庐山成为国民党军政要员避暑的两大主要去处。

表 4.2 奖励旅游与疗养院的比较

	奖励旅游	疗养院
组织者	企业或专业奖励旅游机构	企业或国家
目的	激励	表彰、激励
参与人员	为企业发展做出贡献的优秀人员	劳动模范或先进工作者
目的地	旅游胜地	风景名胜区
费用	免费	免费

(二)国内奖励旅游的发展

20世纪90年代初期,亚洲经济迅速发展,奖励旅游作为一种有效的管理手段随之在亚洲传播开来。亚洲旅游资源丰富、旅游业发展日益成熟,一些奖励旅游策划者开始选择亚洲作为奖励旅游目的地。曼谷、中国香港、新加坡等地已经接待了为数可观的奖励旅游团。日本、韩国、中国台湾和香港等地的企业开始自己组织洲内的奖励旅游,更是推动了亚洲奖励旅游的发展。

改革开放以后,外资企业大量涌入我国,奖励旅游观念随之在我国传播,如安利公司、惠普公司、IBM 公司、三星公司、微软公司等;民营企业和股份制企业机制灵活,奖励旅游的发展也比较迅速。同时,我国越来越多的旅游企业投入到奖励旅游事业中,如国旅、中旅、广之旅、神州国旅、新之旅等。

而就地区而论,我国目前奖励旅游发展较快的城市首推北京、上海和广州。同时,奖励旅游的发展也受到了国家的重视,原国家旅游局于 1993 年成立了国际会议司,专门负责全国会议奖励旅游及展览在国际市场上的宣传推广、联络协调国内有关企业的活动等,对我国奖励旅游的发展起到了积极的促进作用。

(三)我国奖励旅游的发展特征

我国奖励旅游的发展起步晚,对成本关注较高。这种情况下,奖励旅游表现出了以短途、观光为主,规模较小,消费层次较低等特征。实施奖励旅游的企业主要是"三资企业"与民营企业,在奖励旅游客源市场的行业构成方面,以 IT 为代表的高新技术企业,位居奖励旅游十大使用者的首位。随着我国经济的发展,奖励旅游目的地选择要求不断提高。一些旅行社参照国外奖励旅游的发展经验成立了奖励旅游部,在一定程度上推动了我国奖励旅游的专业化发展。此外,我国奖励旅游地区发展不平衡。奖励旅游客源地的分布主要是在经济发达地区,尤其是外资企业、民营企业密集的长江三角洲地区、珠江三角洲地区和环渤海地区,西部地区和中部地区奖励旅游的发展则缓慢得多。而奖励旅游目的地多集中在交通便利、娱乐设施与接待硬件设施相对完备的风景名胜区和旅游城市。

近年来,我国奖励旅游的发展迅速,奖励旅游作为一种管理手段被越来越多的企业重视。国家和政府积极支持,奖励旅游收入与市场份额在逐年提高,我国成为未来全球最热的奖励旅游目的地之一。我国日渐发达的国民经济、丰富的旅游资源、日渐成熟的旅游业对世界奖励旅游发达国家的吸引力越来越大,国外输入的奖励旅游客流增多。而2008年北京奥运会、2010年上海世博会、2022年北京冬季奥运会对我国奖励旅游发展的推动作用也不可小视。

小贴士

北京奖励旅游蓬勃发展

2018年9月12日下午,北京市旅游委等单位在国家会议中心召开新闻发布会,介绍北京市会奖旅游发展与举措。

相关负责人介绍,北京市正协助学会、协会等申办国际会议,提供城市支持函、会前考察等相关支持,协调安排相关单位与来京考察的国际会议主办方代表进行会见,推介北京优质的会议和旅游资源,为国际会议落户北京搭建良好的服务平台。同时,实施了《北京市会奖旅游奖励资金管理办法(试行)》,对申办、举办、承办国际会议的单位进行奖励,目前已累计发放奖励金额达4 338万元。

下一步,北京将提升北京会奖旅游的核心竞争力。区分政府主办、协会主办、企业主办三种会奖旅游类型,简化审批流程,提高审批效率,改善会奖旅游企业的营商环境,打造"北京服务"品牌。支持和鼓励社会资本新建和改造会议设施,增加高端大型会议中心设施供应。

此外,北京还将推动《会奖旅游奖励资金管理办法(试行)》落实。开发推广更多包括文化、会展、体育、康养、研学等在内的旅游产品,增强北京会奖旅游的魅力和吸引力。并将扩大中国国际商务及奖励旅游展览会(IBTM China)、中国会议产业大会(CMIC)和北京会奖旅游产业联盟等国际知名会议的平台影响力。通过举办会奖旅游高端化、国际化人才培训,建设具有专业才智的人才队伍。

据介绍,2017年北京市会议收入达118.7亿元,比2016年增加5.4%;接待会议数量21.5万个,比2016年增加4.7%;接待会议人数1 723.8万人次,比2016年增加8.4%。2017年,北京举办国际会议4 000个,接待人数55.3万人,实现收入8.5亿元。按照国际大会与会议协会(ICCA)发布的数据,2017年度北京接待国际会议的数量为81个,位居亚太城市第六位、中国第一。

"北京有五星级酒店64家,四星级酒店131家。星级酒店客房数11.38万间,床位数将近19万个,完全能够满足来自国内外商旅客人的住宿需求。另外,古北水镇、雁栖湖等新会议场地的建设,又为北京承办国际会议及展会提供了新的富有竞争力的场所。"北京市旅游委相关负责人介绍。

文章来源:《新京报》2018年9月12日

(四)奖励旅游的发展趋势

1. 深度旅游增加,文化性增强

奖励旅游在发展过程中显现出"深度旅游"的趋势,即整个旅游行程只有一个目的地,而不像以往在一次旅游活动安排很多目的地,走马观花、蜻蜓点水式的旅游正被单一地点的深度旅游所替代。此外,作为一种层次较高的会展旅游项目,奖励旅游同时也是满足员工高层次精神需求的特殊形式,其文化性、人性化、个性化发展趋势将体现得更为明显。在旅游项目的选择方面更倾向于具有文化品位的活动,能够凸显企业的文化与经营理念,并与体育运动、户外活动和其他娱乐项目相结合。

2. 奖励旅游与商务活动相结合

奖励旅游与会议、培训和企业业务活动相结合的趋势越来越明显。

3. 带家属出游增多

让受奖人员携带家属出游,也越来越受到企业的青睐。奖励旅游将通过发掘家庭价值和所蕴含的人情味,进一步发挥其激励作用。

第三节 奖励旅游的市场需求和供给

一、奖励旅游的市场需求

(一)奖励旅游的需求方

奖励旅游的消费者是奖励旅游市场的消费主体,主要为企业员工、经销商等。而奖励旅游的需求方为奖励旅游的购买者,如企业、机关团体等。奖励旅游的需求方即是奖励旅游的客源市场,代表了对奖励旅游产品的需求。

1. 企业

企业是奖励旅游需求的主体,企业在获得了一定的利润之后,如何提高员工工作积极性,从而提升企业效益成为企业管理层的工作任务,这就产生了企业对奖励旅游的需求。

2. 行业协会

行业协会在促进产业进步、产业内整合等方面发挥着越来越大的作用。为了更好地提高协会工作人员的积极性,同时也为了更好地推进协会工作的开展,一些行业协会将奖励旅游作为一种重要的激励方式。

3. 政府机关、高校和科研院所

奖励旅游在激发员工积极性和工作热情、促进团队建设等方面所发挥出来的积极作用也受到了越来越多的事业单位,如政府机关、高校和科研院所等单位的重视。

(二)奖励旅游的需求类型

1. 基于激励型的奖励旅游

以保险业、化妆品、直销行业为代表,奖励旅游已成为一种激励型"管理工具"而融入组织的日常管理。

2. 基于奖励性质的商务差旅

此种奖励旅游相对灵活,但或多或少与商务活动结合在一起,如参观、培训、交流、讲座等。

3. 基于福利性质的奖励旅游

此类奖励旅游作为福利产品的一种形式,效果被普遍认可。参加对象通常是组织内的全体员工,旅游路线策划的个性化要求不高,但要有鲜明的主题特色,在目的地选择上有一定的限制,如红色旅游目的地、爱国主义教育基地等,服务规格高于常规的散客旅游团。此类奖励旅游对价格较敏感。

二、奖励旅游的供给

奖励旅游的供给方主要是奖励旅游中介公司、奖励旅游目的地、会奖型酒店、服务类供应商和奖励旅游展会等。

(一)奖励旅游中介公司

奖励旅游中介公司包括奖励旅游公司、专业商务旅游公司、本地旅行社、专业的旅游网站和设立奖励旅游部的旅行社。

(二)奖励旅游目的地

奖励旅游目的地是那些可以为企事业单位提供奖励旅游项目的空间或区域,除了具有旅游目的地的一般特征外,还应满足组织开展奖励旅游活动的管理、服务和综合需求。奖励旅游目的地应该包括旅游吸引物、旅游服务、旅游设施和旅游可进入性。

从供给角度看,奖励旅游的供给方日渐重视奖励旅游目的地的市场开发和营销。奖励旅游目的地在不断增加,同时受奖励旅游者对奖励旅游目的地的要求也进一步提高。关于奖励旅游目的地的营销策略,供给方需注意以下几点。

(1)有效提升奖励旅游目的地的形象。积极运用新媒体力量,对有奖励旅游计划的企业进行有效宣传。首先为提升形象,奖励旅游目的地应根据自身条件完善相应的风景区及配套设施建设;其次借助新媒体力量(如奖励旅游目的地官方网站、视频号等),积极宣传景区最新动态,为游客及企业提供有价值的旅游信息,吸引游客及企业的注意,从而提升知名度及目的地到访量。

(2)加强对目标市场选择问题的研究。有效的STP营销(市场细分、目标市场、市场定位)策略可以帮助旅游目的地从旅游业大环境中划分出其专属的市场及消费群,有效地区分出奖励旅游目的地与普通景区的差别,同时针对奖励旅游的定位制定出完善的服务机制,改善顾客旅游体验。

(3)完善景区资源配置,与当地政府建立良好的合作机制。吸引政府、企业到旅游目的地开展各类展会活动。建立良好的展会氛围,增加景区知名度及宣传点。

(4)针对商务型奖励旅游活动,应建立有效的顾客关系管理数据库。对于定期举行商务活动的企业,更应及时准确地掌握企业活动的有效信息(如人数规模、消费规模、旅游喜好及企业文化等)。在潜在顾客有需要时,能做到及时有效地反应,提高服务质量,满足客户需求,建立良好的口碑与长期合作关系。

(三)会奖型酒店

会奖型酒店具有很鲜明的特征,如位于海南三亚的会奖型酒店。以三洲湾红树林度假世界为例,它确实是一家酒店,却又不只是一家酒店。它占地足足有70万平方米,有6家风格各异的酒店。红树林国际会议中心坐落于三亚湾红树林度假世界,拥有国内首个会议综合服务区;环绕国际会议中心的4 600余间客房,可容纳千人同时办理入住的50米挑高主大堂,71家主题餐厅,玩、看兼备的红树林国际影城,3.3万平方米水乐园,红树林儿童探险王国,今日X书屋,室内商街,WIFI全网覆盖。完善的社区功能,让会议会展大大缩减了组织人流的时间,实现"巨无霸"会议会展量到质的飞越。

(1)销售形式和内容不同于传统的酒店。它是综合性销售,不但有客房、餐饮,还有会展的设施、会议的设备,不同的会议场地有专门的会议销售。在三亚很多的五星或四星海边酒店还拥有私家沙滩、花园供会议活动使用,会议房间收费、餐饮的价格也比普通的酒店消费要高。

(2)服务的对象不同。除了面对每一位参会者之外,还要面对会议的组织者和媒体。与组织者的沟通是非常重要的环节。

(3)服务部门的设置不同。在实际中要针对专业性较强的会议实施不同的服务模式,包括配置相应的会议设备设施,以保证为会议提供高品质服务。

(4)酒店会议多功能间配备充足。三亚的会奖型酒店一般都有多间会议室供使用。很多客人不喜欢在宴会厅开会,特别是外宾。酒店应具有专业的功能间,以满足客人的特别需求。还有宴会的配置,包括餐饮的独特性等,这是会奖型酒店应该具备的特点,与其他酒店要有所区别。

(四)服务类供应商

1.奖励旅游行业协会

(1)国际奖励旅游行业协会。如国际奖励旅游管理者协会(SITE)成立于1973年,总部设在美国芝加哥,是目前国际上奖励旅游行业知名的国际性的非营利性专业协会,主要向会员提供奖励旅游方面的信息服务和教育性研讨会。国际奖励旅游管理者协会有2 200多名会员,分布在全世界的87个国家,会员涉及航空、游轮、目的地管理公司、酒店和度假地、奖励旅游公司、旅游局、会议中心、旅游批发商、研究机构、旅游景点、餐馆等领域。中国分会有来自北京、上海、西安、桂林、苏州等地的70名会员。

国际奖励旅游管理者协会成员的权利：

①获得分布在全世界 80 多个国家的 2 000 多名成员的联系方式，这些成员代表着奖励旅游业的每一个领域。

②获得区域内"奖励旅游大学"的折扣学费。

③获得出席国际奖励旅游管理者协会每年国际会议的优惠会费，这些国际会议的关注点集中在影响未来奖励旅游的发展趋势上。

④能收到大量的国际奖励旅游管理者协会的出版物，这些出版物包括《资源年鉴》《奖励旅游介绍》等。

(2)国内奖励旅游行业协会。杭州会议与奖励旅游业协会由杭州市旅游形象推广中心牵头，成立于 2011 年 6 月，由在杭州符合会议奖励旅游市场需求的酒店、会议场所、旅行社、专业会奖企业、航空公司、车船公司、重点景区、餐饮企业及部分会奖旅游资源丰富的企事业机构、社会团体组成，目前拥有会员 100 多家，具有独立的法人资格。

2.其他服务类供应商

其他服务类供应商包括为奖励旅游活动提供各种设计与制作服务，满足生活、娱乐、旅游需要，音响、声、光等多媒体需要，保险、安全、物资供应需要，销售与人员需要，咨询与研究需要，宣传、广告需要的供应商。

(五)奖励旅游展会

国际知名奖励旅游展会，如欧洲会议奖励旅游展、芝加哥会议奖励旅游展、法兰克福国际会议及奖励旅游展、亚太区奖励及会议旅游展。

国内奖励旅游展会，如中国(北京)国际商务及会奖旅游展览会(IBTM China)，中国(上海)国际奖励旅游及大会博览会(IT&CM China)。

中国(北京)国际商务及会奖旅游展览会是英国励展博览集团(RTE)旗下 IBTM 系列展览的中国站，也是会奖旅游业(MICE)的世界领先展会，致力于为业内提供集孕育商机、高值社交、研讨培训于一体的年度行业聚会。英国励展博览集团于 2005 年 7 月 25 日至 27 日在北京中国国际贸易中心举办第一届中国(北京)国际商务及会奖旅游展览，这是我国内地第一次举办的大规模、高规格的商务旅游专业展览，具有高度的代表性和权威性，是我国所有有意参与商务旅游服务的企业与客户面对面接触、交流、沟通的良好机会。英国励展博览集团拥有 5 个国际和地区展会，包括国际商务及会奖旅游展览会(IBTM World)、阿拉伯国际商务及会奖旅游展览会(IBTM Arabia)、美国国际商务及会奖旅游展览会(IBTM Americas)、亚太国际商务及会奖旅游展览会(IBTM APAC)和中国(北京)国际商务及会奖旅游展览会(IBTM China)。

中国(上海)国际奖励旅游及大会博览会每年于上海举办，自 2007 年第一次举办以来，秉承"让中国走向世界，让世界了解中国"的理念，已经成为中国顶尖的会议、奖励旅游、活动、展览及商旅行业交流平台，为国际和中国会奖及商旅行业专业人士架起沟通桥梁，实现深度互联和资源共享。

小贴士

英国励展博览集团

励展博览集团为全球最大的展览及会议活动主办机构,已积淀逾百年的全球品质展览会的开发、策划、推广及销售丰厚经验,并赢得品质、知名、权威展览会主办者的美誉。励展博览集团总部位于英国,是励德爱思唯尔集团的成员之一,在全球设有34个代表机构,每年在42个国家主办500个展览及会议活动。分布在世界各地的2 400位励展专业员工通过分享彼此的最佳经验和精益技能,协助他们的客户实现参展利益最大化。

励展博览集团于20世纪80年代进入中国办展,现已发展为中国最活跃的国际展览及会议主办者,除了在北京、上海和香港分别设有直属分支机构以外,还相继携手优秀的中方合作伙伴成立了四家合资公司,即上海励华国际展览有限公司、国药励展展览有限责任公司、励展华博展览(深圳)有限公司和河南励展宏达展览有限公司。励展中国公司及励展在华合资公司均为全球展览业协会(UFI)的成员。

励展博览集团每年主办的一流国际展览会超过460个,涵盖52个行业,足迹遍及美洲、欧洲、中东及亚太区的34个国家,专注于航空与国防、建筑与施工、设计、电子、能源、石油与天然气、餐饮、食品与酒店、礼品、保健、信息与电信、珠宝、制造、营销与商业服务、制药、房地产、出版、安全、体育与娱乐、运输与物流,旅游等核心行业。如今,励展通过39个人员齐备的办事处在跨越美洲、欧洲、中东和亚太地区的38个国家举办展会活动。

文章来源:百度百科

第四节 奖励旅游市场的开发与营销

一、奖励旅游市场细分

市场开发和营销的基础是市场细分,可以按照以下方法进行市场细分。
(1)按行业:金融、保险、汽车、化妆品、直销、教育等。
(2)按实施主体:国际国内公司、大企业小企业、学校及其他事业单位。
(3)按参与主体:政府事业单位、代理商、职业经理人、员工

二、奖励旅游市场的开发与营销

奖励旅游市场的发展是我国旅游业进一步发展的需要。结合我国旅游发展的总体目标,我国奖励旅游当前及今后一段时间应该采取以下措施,加快市场的培育,加大市场开发与营销的力度,促进我国奖励旅游市场的快速发展。

(一)政府加大政策支持力度

政府可以通过在政策上给予支持和优惠,鼓励有实力、有条件的企业开展奖励旅游

活动。

(二)认识奖励旅游市场开发的深层次目标

奖励旅游市场开发的深层次目标在于为企业制订合理的奖励旅游计划,在帮助企业有效地控制奖励旅游成本的同时,协助企业达成"凝聚企业向心力、塑造企业文化和持续鼓励员工提升工作绩效"的目标。

(三)选择奖励旅游目标市场

奖励旅游的目标市场很明确,就是那些有能力且有意愿采取旅游的方式对员工进行激励的公司及企事业单位。其中,外资企业及跨国公司或集团对奖励旅游的认识比较深刻,而且它们的奖励旅游机制也较为成熟,因此是我国奖励旅游首要的目标市场。此外,我国的民营企业和股份制企业机制灵活,尤其是金融、保险、汽车、化妆品、电器和一些高科技行业对奖励旅游的接纳度高,均有开展奖励旅游的需求,因此它们是我国奖励旅游重要的目标市场。还有一些国有企业将奖励旅游视为企业福利,它们是我国奖励旅游潜在的目标市场。

(四)把握奖励旅游市场促销的特殊性

绝大多数情况下,奖励旅游市场的购买者是企业、机关团体等,而消费者是企业员工、经销商、特定消费者等。这种购买者与消费者分离的属性决定了奖励旅游市场的促销具有特殊性。奖励旅游公司在促销的过程中,不能只着眼于奖励旅游的购买者,还要注意到购买者与消费者之间并不是简单的给予与接受的关系,而是近似于协商的关系,因此需要注意奖励旅游的消费者在促销过程中所起的作用。奖励旅游公司在开展促销时,要深入到企业的管理层面,不仅要关注企业管理者关注的内容如成本控制,还要对奖励旅游消费者有进一步的了解,以融合二者的需求,充当企业和员工、经销商与特定消费者之间的信息传递者与关系协调者。

(五)明确在奖励旅游市场开发中各自的职责

消费者是奖励旅游的参与者,关系着奖励旅游目的地的选择和奖励旅游项目的具体安排;奖励旅游公司负责奖励旅游活动的策划、安排、组织、协调以及相关服务的提供,并充当购买者和消费者之间的信息传递者与关系协调者。明确各自的职责有利于奖励旅游活动的顺利实施。

(六)量身定做奖励旅游产品,把握奖励旅游市场的动态

奖励旅游产品是奖励旅游活动集中指向的目标,是企业文化、企业管理理念、旅游服务项目的综合体现。因此,其质量在一定程度上决定奖励旅游活动的效果。

奖励旅游产品的量身定做应该遵循以下基本原则。

(1)独特原则,尽量提升奖励旅游产品的吸引力。

(2)文化差异原则,注意针对不同文化、不同奖励旅游理念打造更具针对性的奖励旅游产品。

(3)消费层次性原则,满足不同消费层次奖励旅游者的需求。

(4)参与性原则,充分调动受奖励旅游者的兴趣。

(5)成本控制原则,满足企业对奖励旅游成本控制的要求。

奖励旅游目的地在奖励旅游产品组合与定做中有着非常重要的意义。我国的奖励旅游目的地选择包括三种情况:一是国际入境奖励旅游目的地选择;二是国际出境奖励旅游目的地选择;三是国内奖励旅游目的地选择。国际入境奖励旅游目的地要求较高,多集中在大都市如北京、上海、广州等地,历史文化名城或者优秀旅游城市如南京、杭州、西安、桂林、昆明等地,以及著名旅游区(点)等。国际出境奖励旅游目的地则主要集中在东南亚如新加坡、泰国、马来西亚,以及我国香港等地,到欧洲的奖励旅游增长缓慢。国内奖励旅游目的地比较强调就近原则,一般集中在企业所在地周边地区,行程一般不超过3天。

奖励旅游属于商务旅游的一类,具有极高的再访率和消费水平,培育目标客户的品牌忠诚度有很大意义。因此,旅行社应积极地与目标客户加强沟通与合作,深入了解旅游者的消费特点和企业文化氛围,制订合理计划,协助这些企业有效地控制旅游成本,充当企业的战略伙伴和差旅顾问。

(七)通过供给引领需求

在当前的奖励旅游市场,人们对奖励旅游这种新产品的认识还不够全面,需求还不够明确,因此现阶段需要以高质量供给创造和引领需求。"供给创造它自己的需求",这是经济学中的一条著名定律,因此提升供给体系水平能够进一步创造和引领新的需求。随着奖励旅游消费者的需求日趋个性化、多样化,定制化产品层出不穷。这表明,消费者正深度参与到奖励旅游活动的策划与实施中,消费者在奖励旅游市场中的地位愈发重要。因此,奖励旅游公司需要清晰地了解消费者的需求,制定有针对性的奖励旅游促销策略,增强供给结构对需求变化的适应性和灵活性,更加重视供需匹配的精准性。如此,奖励旅游公司才能向市场提供更多差异化的奖励旅游产品与服务,形成核心竞争力,避免市场与消费需求脱节,降低无效供给。高质量的供给会极大刺激消费者的潜在需求。

三、奖励旅游售后关系的维护

(一)进行售后服务的必要性

高品质的产品以及优质的售后服务是相辅相成、缺一不可的组合。奖励旅游并非一种简单的、高接待标准的豪华旅游,而是一种融入企业管理目标的具有创意的旅游形式,它必须创造与众不同的体验才能给受奖励旅游者留下深刻的印象。奖励旅游公司在提供优质的奖励旅游产品的同时,也要受重视售后工作,充分认识到提供良好售后服务的必要性。

1.售后服务可以保持顾客的满意度及忠诚度

顾客的满意度是指顾客对企业和企业产品及服务的满意程度。美国市场营销专家菲利普·科特勒认为,顾客满意"是指一个人通过对一个产品的可感知效果与他的期望值相比较后,所形成的愉悦或失望的感觉状态"。而顾客的忠诚度这一概念是从顾客的满意度引申出来的,指的是顾客因满意某种产品及服务而产生的对某种产品品牌或公司的信赖、维护和希望重复购买的一种心理倾向。顾客忠诚度实际上是顾客忠诚于企业的程度。

科特勒认为,保持顾客的关键是让顾客满意。一个满意的顾客会购买得更多,而且对产品更"忠诚"。另据美国汽车业的调查,一个满意的顾客会引发8笔潜在生意,其中至少有1笔成交;一个不满意的顾客会影响25个人的购买意愿。争取一位新顾客所花的费用是保住一位老顾客所花费用的6倍。由此可见,让顾客满意对企业保住老顾客来说至关重要。企业要想长期盈利,必须要有稳定客源,这就要求企业在开展经营活动时要从满足顾客的需求出发,提高顾客的满意度,保持顾客的忠诚度。对于奖励旅游公司而言,要提供优质售后服务以满足奖励旅游者的需求,从而赢得永久客户。例如,通过售后服务收集顾客对本次奖励旅游的意见,对于其合理化的建议可酌情采纳,以便更好地为顾客设计出满足其个性化需求的路线,增加顾客回头率。如果收到顾客抱怨或投诉,应及时妥善处理,否则会造成顾客的脱离,甚至导致负面效应扩散。满意的售后服务会让顾客持续购买,进而成为忠诚的老客户,甚至带动他人一起购买,让企业在激烈竞争中得以生存和发展。

2.售后服务是买方市场条件下奖励旅游公司参与市场竞争的有力武器

我国越来越多的旅游公司参与到了奖励旅游的市场开发中。在奖励旅游产品单一、同质化越来越严重的情况下,提供优质售后服务成为奖励旅游公司争夺客源的一个有力武器。售后服务作为奖励旅游公司产品的附加部分可以增加旅游产品的附加价值,有助于树立奖励旅游公司的品牌,宣传奖励旅游公司的形象,扩大奖励旅游公司的知名度。没有什么方法能像提供良好的售后服务一样让奖励旅游公司在激烈的市场竞争中赢得优势,战胜竞争对手并取得长期成功。

3.售后服务可以保障消费者权益,并促使奖励旅游公司更好地发展

良好的售后服务不仅能够很好地保护消费者的合法权益,而且能够促使奖励旅游公司把旅游产品做得更好,为消费者提供更优质的旅游产品及服务。再好的奖励旅游公司也不可能让每个受奖励旅游者各方面都满意,但提供优质的售后服务是奖励旅游者消费体验的强力保障,可以及时迅速地处理好受奖励旅游者的各种投诉,进一步维护奖励旅游公司的良好形象,提升奖励旅游公司自身的市场竞争能力,增加受奖励旅游者的回头率,降低他们转向竞争对手的可能性。因此,售后服务是保护消费者权益的最后防线,也是促进奖励旅游公司提高自身旅游产品质量及服务的有效措施。

4.售后服务是适应经济全球化的需要

在21世纪,经济的地域性限制越来越小,经济全球化趋势势不可当。纵观国内外奖励旅游市场,越来越多具有强大管理实力、资金实力和人才实力的国外旅行社进入我国,对我国旅行社造成不小的竞争压力。虽然国外旅行社实力强大,但在实施售后服务方面不如国内旅行社得心应手,所以国内旅行社要以不断完善售后服务体系为突破口,提供高

于国外旅行社或国外旅行社做不到、做不好的售后服务,力争在本土通过优质的售后服务争取到更多的顾客。

(二)奖励旅游公司售后服务体系的建立和完善

1. 设立售后服务部门

奖励旅游公司应充分认识到售后服务的必要性,提高售后服务的意识,充分整合各方资源,成立专门的售后服务机构,配备专门的售后服务人员,建立严谨的售后服务体系和严格的售后服务制度,形成一个权责明确、快速响应的服务有机体,使奖励旅游的购买者与消费者均无后顾之忧。

2. 加大对售后服务人员的培训

奖励旅游公司需定期对售后服务人员进行培训,让售后服务人员熟知公司的旅游产品,具备主动服务意识,确保顾客满意。售后是下一次销售的开始,售后服务开展得好,公司的销售工作就会进行得更加顺利,而且还有利于公司形象的整体对外输出。为了鼓励售后服务质量的提升,奖励旅游公司还可以对售后服务较好的员工实施一定的奖励。

3. 重视售后服务中的反馈跟踪

奖励旅游公司要想提供令顾客满意的售后服务,就要高度重视售后服务中的反馈跟踪。按照"顾客第一"的理念,在奖励旅游活动结束后开展各种形式的顾客意见调查活动,与顾客交流联络,及时收集顾客反馈的信息,对其中有价值的信息要综合整理,呈交公司参考采用;经常看望重点顾客,兑现公司对顾客的服务承诺,长期客户至少每年回访一次,重要客户至少每半年回访一次,回访的方式可以灵活多样,包括打回访电话、写电子邮件、视频通话等;受理顾客的投诉电话,准确记录投诉内容,积极迅速地制订解决方案,给予顾客满意的答复,及时满足顾客的合理需求。顾客的满意度高,意味着今后继续购买、消费该奖励旅游公司产品和服务的可能性大,因此奖励旅游公司要充分重视售后服务中的反馈跟踪,以不断改进服务措施,提高服务质量,实现长足发展。

4. 重视客户关系管理

客户关系管理是指企业为提高核心竞争力,利用相应的信息技术和互联网技术协调企业与顾客间在销售、营销和服务上的交互,从而提升其管理方式,提供创新式的、个性化的客户交互和服务的过程。客户关系管理的最终目标是吸引新客户、保留老客户,以及将已有客户转为忠实客户,增加市场。因此,客户关系管理是一个获取、保持和增加客户的方法和过程。它既是一种崭新的、以客户为中心的企业管理理论、商业理念和商业运作模式,也是一种以信息技术为手段,有效提高企业收益、客户满意度与雇员生产力的具体软件和实现方法。奖励旅游公司应充分认识到客户关系管理的重要性,引进新型客户关系管理软件,健全客户管理体系,培养一支熟悉客户关系管理业务流程的员工队伍,维护奖励旅游公司与客户的良好关系,提高客户的满意度和忠诚度,实现奖励旅游公司增加市场份额、提升市场竞争力的目的。

5.及时处理客户抱怨和投诉

当客户对旅游产品和服务的体验达不到自己的期望值时,往往会产生抱怨,甚至前来投诉。抱怨或投诉的原因可能来自旅游产品,也可能来自旅游服务。抱怨或投诉一旦产生,不论是对客户还是对奖励旅游公司而言,都是不愉快的。但客户抱怨和投诉并不可怕,可怕的是奖励旅游公司忽视与客户的有效沟通,不能妥善处理客户的抱怨和投诉。客户抱怨看似奖励旅游公司经营上的危机,但若能将其处理得当,可以弥补自身的不足或失误,也可以消除客户的不满情绪,与客户达成谅解,将这些客户转化为自己的忠诚客户。顾客宛如奖励旅游公司的免费广告,当顾客有好的体验时,会告诉5个其他顾客,但是一个不好的体验,却可能会告诉20个其他顾客。因此,奖励旅游公司应充分重视客户的抱怨和投诉,并给予及时妥善处理。

第五节 奖励旅游的策划

一、奖励旅游策划的注意事项

奖励旅游由提供奖励旅游的旅行社或奖励旅游公司为企业量身定做并实施运作,所有活动和形式中尽可能多地融入企业理念和管理目标,因此奖励旅游不同于一般的观光旅游和商务旅游,要求旅行社或奖励旅游公司推出更具特色、更具吸引力的旅游路线与服务项目。为了使行程顺利进行,旅行社或奖励旅游公司必须做好事前策划,事前策划要体现高标准,需注意以下事项。

(一)充足的预算

预算的主要功能在于规划和控制,财务预算充足,才能保障奖励旅游活动的顺利进行。活动资金一直都是最为重要的一点,在开展奖励旅游活动之前,一定要对每项活动内容的开销进行规划,做好充足的预算,在活动实施的过程中也需要对每一项开销进行把控,务必把每一笔支出用在最合理的地方。

(二)制定量化目标

策划奖励旅游活动的关键一步便是帮助企业制定可以实现奖励旅游的目标。一个有效目标包含五个要素,即 Specific(明确具体的)、Measurable(可衡量的)、Action-oriented(行动导向的)、Realistic(现实可行的)和 Time-related(有时间限制的),简称"SMART"要素。因此目标的制定要量化,要根据企业提出的要求和企业自身实际的经营情况来拟订量化目标,具体方法是把大目标分为一个个具体可行的小目标,然后从每一个小目标着手,一点一点突破。

(三)责任到人

奖励旅游活动的策划需要列出一份责任清单,细化责任分工,把责任内容落实到岗、明确到人、具体到事,构建责任明晰、履职尽责的责任体系。

(四)期限要短

奖励旅游活动的持续期限不是指旅游时长,而是从奖励旅游计划宣布就开始了,包括受奖励旅游者为争取奖励旅游资格所需要的达标时间。奖励旅游活动要有明确的时间限制,这一期限不宜过长。绝大多数的奖励旅游活动时间在 3~6 个月,几乎没有奖励旅游活动会长达一年多的时间。

(五)强参与性

奖励旅游活动的策划需遵循参与性原则,注重在旅游日程中安排参与性强的集体活动项目,充分调动受奖励旅游者的兴趣,促进企业员工之间,以及企业与供应商、经销商、客户等的感情交流,增强团队氛围和协作能力,提高员工和相关利益人员对企业的认同度和忠诚度。

(六)贵宾待遇

奖励旅游活动的安排要让奖励旅游参与者享受到温馨的服务和贵宾的礼遇,让他们有倍受重视的感觉,在行程中给他们制造惊喜。

(七)难忘经历

在奖励旅游行程中安排特别的体验活动,美景、美食、民风、人文尽可领略,以满足不同级别、不同层次的旅游者需求。可以巧妙策划主题活动,精心安排一些个性化旅游活动,如探险类活动或开发思维类活动,让奖励旅游的参与者有难忘、值得回味的经历。

(八)精选目的地

在奖励旅游目的地的选择上要精挑细选,目的地除了要有独具特色的旅游资源与配套完善的基础设施外,还要能提供优质高水准的服务质量,能激起奖励旅游参与者的兴趣。同时,目的地的选择还要保证能在旅游活动中融入企业理念和管理目标,以满足企业的需求。实际上,在选择奖励旅游目的地之前,有必要在参与者中间先进行一次调研。

(九)正确选时

奖励旅游时机的选择需要考虑两方面的内容:一是尽量不影响奖励旅游参与企业的正常生产经营活动;二是充分利用淡季价格,同时安排在参与者想旅游的时间内。

(十)计划沟通

每一个需要团队协作完成的项目都需要良好的沟通,"一人智短,众人智长"无论放在哪里都是适用的。计划沟通对于奖励旅游的成功实施十分必要,因此奖励旅游的策划者应与奖励旅游的参与者保持经常性的沟通,并通过与参与者的反复讨论与协商,赢得他们的热情支持与配合,最终完成奖励旅游计划的可行性论证。

二、奖励旅游的策划过程

奖励旅游公司策划奖励旅游的流程一般从其接受企业委托开始到本次旅游活动结束

后的效果评估。旅游活动的策划分为以下几个步骤。

(一)组建奖励旅游策划团队

为确保奖励旅游活动的顺利进行,活动前期需要策划人员预先拟订一份周密的策划书,这就需要组建奖励旅游策划小组,来共同商讨奖励旅游活动的具体流程。奖励旅游公司是多部门机构,不同机构有不同的职能。一次奖励旅游任务的完成,是各个部门团结协作、共同努力的结果。根据本次任务的具体情况,组建奖励旅游策划小组,确定小组人员名单和工作分配,以便分工协作、职责明确地进行准备。

(二)确立奖励旅游活动目标

奖励旅游活动是有一定目标的行动。策划奖励旅游活动首先要明确活动的目标,这是一个大方向。只有明确了目标,具体流程才能更加明晰。例如,大的目标有鼓舞员工士气,增强员工对企业的认同感,加强企业团队建设,塑造企业文化等。此外,活动目标能量化的尽量量化,不能量化的尽量细化,不能细化的尽量流程化,这样才能使活动策划做到有的放矢。例如,帮助企业制定工作或培训目标——获取奖励旅游资格需要在三个月内增加10%的产品销售量,在奖励旅游活动中为员工与经销商安排两次销售培训,等等。

(三)信息收集和分析

奖励旅游活动的策划者在策划过程中要收集以下信息,这关乎对企业进行准确细致的评估与分析,进而关乎奖励旅游行程活动的规划。

(1)策划主体自身的信息。策划主体在策划过程中要充分了解自己,过高地估计自己或过低地看待自己,都不利于策划的成功。

(2)奖励旅游使用者的需要,包括企业特性与经营背景、企业办理奖励旅游的目的、企业的特殊要求等。

(3)市场环境的信息,包括政治环境、法律环境、经济环境和技术环境。

(四)资金预算安排

策划者在具体安排奖励旅游活动之前要与企业进行沟通,了解企业的奖励旅游资金预算,根据企业经费多寡,在旅游目的地、主题活动、出游时间上做相应调整,并据此进行适当的财务分配和有效掌控,拟订出令企业满意的奖励旅游方案,对奖励旅游活动做出较为宽裕的安排,并完成奖励旅游方案的预算审核。预算审核做得好,奖励旅游活动就有了一个良好开端。

(五)行程设计与规划

主要涉及奖励旅游线路的规划设计。旅游线路是构成旅游产品的主体,其基本内容包括：

(1)旅游线路名称；

(2)旅游线路主题；

(3)旅游线路口号；

(4)旅游线路主题歌;

(5)旅游线路背景及景点介绍;

(6)旅游线路的目的和意义;

(7)具体行程安排;

(8)旅游线路的优点和缺点;

(9)旅游线路可行性分析。

其中,旅游线路名称通常根据旅游主要目的地及游玩时间确定。旅游线路主题是对旅游活动内容的高度概括,是整个策划的核心,要以独特性区别于其他同类活动。线路口号和线路主题歌需结合实际拟定。线路背景及景点介绍是对整个游玩线路及景点的全面介绍。比较关键的是旅游线路安排和线路可行性分析,这两项内容直接决定了旅游线路策划方案实施的可行性。

(六)检查食宿交通设备安排

结合行程设计与规划,核查餐饮住宿、交通方式和其他相关设备的质量及准备情况,看是否符合本次奖励旅游的要求。餐饮服务要遵循饮食卫生、规格适中和照顾特殊饮食习惯的原则。交通选择上要将安全性放在第一位,并使用合法的交通工具。除此之外,还要考虑交通工具与景点的衔接,加强交通工具的多元使用以增加旅游的乐趣。

(七)专案执行方式与条件

专案是奖励旅游活动全部行程除去行程设计与规划之外的部分。专案并非每个企业都需要,而是根据企业的不同需求来定做的。专案主要包含两部分:一是企业要求的特殊行程;二是为企业量身打造的特殊的活动安排,如奖励旅游期间需要为企业安排会议、培训、主题宴会、竞赛活动、惊喜派对,等等。这些特殊活动的实施都需要奖励旅游公司负责联络及执行。

(八)突发事件处理

成立危机管理小组,做好安全应急预案。事先做好预测,并提供方案以防意外事故的发生。例如,提前制定重大事故如交通事故和食物中毒应急措施方案,一旦发生意外,立即启动应急机制,处理好危机。

(九)方案的审批

虽然奖励旅游公司在策划奖励旅游的过程中与企业有一定的沟通,但当奖励旅游公司拟好奖励旅游计划方案后,应充分与企业相关人员协商,按照企业要求做适当修改,在双方均满意的基础上定稿确认,最终完成方案的审定和审批流程。

(十)方案实施

在奖励旅游活动进行过程中,可能会有一些因素打乱规划的行程,如天气异常、时间与线路的变更、旅游者意外事件等,这就要求奖励旅游公司临时对行程做出一定的更改,以保证奖励旅游活动能够继续顺利进行下去。在整个旅游活动期间,奖励旅游公司还要派专业代理人员随团工作,随团工作人员人数要根据团队人数和需求来定。一般来说,100人的团队需要1~2名随团工作人员。

(十一)总结评估

奖励旅游公司在奖励旅游活动结束后,要做好旅游效果的评估报告,及时收集奖励旅游参与者的反馈信息,以改进产品和服务质量,争取下一次合作机会。奖励旅游的参与者亲身体验了奖励旅游产品,他们对奖励旅游公司提供的产品及服务是否满意,以及满意程度,是奖励旅游活动是否成功的一个重要指标,关系到奖励旅游公司是否能继续承办企业后续奖励旅游活动。对奖励旅游参与者的满意度调查可以设计一份活动满意度调查问卷,还可以打电话给参与者,征求他们的意见和评价。

第六节 奖励旅游的管理

一、奖励旅游的政府管理

奖励旅游的健康发展需要多方面因素支撑,主要有经济、科技、政治、法律、行业素质及产品质量、区位及自然条件、文化条件等。其中经济因素是奖励旅游活动开展的重要保障。我国政府非常重视奖励旅游发展的支撑要素,积极主导奖励旅游业的发展。此外,在奖励旅游蓄势待发的趋势下,国家采取什么样的政策,出台何种法律法规,都将对奖励旅游的发展产生深远的影响。目前,我国政府已出台多项利好政策扶持旅游行业发展,奖励旅游有了政策支持。政府逐渐改变调控模式,减少对会展旅游业包括奖励旅游业的干预,引导行业自律,把会展旅游业纳入市场的轨道,监督市场主体的运作和游戏规则的执行,加强市场规范管理。

二、奖励旅游的人力资源管理

奖励旅游是高级旅游市场重要的组成部分,对奖励旅游从业人员的要求要高于常规旅游的从业人员,他们必须有很高的团队合作能力及统筹运作能力,能真正深入地考虑客户的需求。目前,我国这方面的专业人才非常缺乏,这成为制约我国奖励旅游发展的瓶颈。

因此,在人力资源管理中对奖励旅游人才的培训和发展尤为迫切。培训活动的具体组织与企业的规模和结构关系很大,一般来说,培训活动的实施可采取以下方式。

(一)企业自己培训

大型企业往往设置专门的教育与培训职能机构及人员,从个别或少数负责培训工作的职员或经理,到专门的科、处,有的还建有专门的培训中心或培训学院,乃至职工大学,配有整套专职教师或教学行政管理人员。例如,为了将自己打造成一个学习型组织,华为技术有限公司(以下简称华为)进行了各方面的努力,2005年正式注册了华为大学,为华为员工及客户提供众多培训课程,包括新员工文化培训、上岗培训和针对客户的培训等。当然,目前这种培训活动的实施在奖励旅游领域中还比较少。

(二)校企合作

2017年10月13日,杭州师范大学与阿里巴巴集团签署《共建"杭州师范大学阿里巴巴商学院"》合作协议,阿里巴巴集团再投入5 000万,用于把阿里巴巴商学院升级为以互联网商务为鲜明特色的创新型商学院。阿里巴巴商学院开启了杭州高校与世界知名企业合作办学的历史。合作举办商学院,将为杭州建设"中国电子商务之都"做出新的贡献。这是一个典型的校企合作的例子。同样,在院校中除了会展专业培训奖励旅游相关从业人员外,旅游专业也在有意识地增加相关学科来培养相关从业人员。奖励旅游机构可以与相关院校合作,对员工进行培训。

(三)专业培训机构

近年来,我国各地出现了大量的专业培训机构,以满足企业日益增长和日新月异的培训需要。

(四)其他措施

除了对奖励旅游人才进行培训外,还可以采取其他措施来加强企业对奖励旅游从业人员的管理。

1. 留住优秀员工

留住优秀员工,不能仅靠丰厚的薪水和物质奖励,更要营造充满信任、和谐的团队工作氛围,提高工作时间的灵活性,使内部晋升有渠道,保持沟通管道畅通,并加强员工忠诚度管理。

2. 培养员工的服务意识

服务是旅游业的本质属性。奖励旅游是旅游的一个分支,要抓好奖励旅游人才管理,就要重视奖励旅游员工服务意识的培训。只有其服务质量水平得到了普遍提高,才能为奖励旅游业的繁荣发展提供强有力的人才支撑,进而为推动文旅高质量融合发展贡献行业力量。

3. 增强员工的归属感

员工的归属感是指员工经过一段时间的工作后,在思想、心理与情感上对企业产生认同感、公平感、安全感、价值感、工作使命感和成就感,愿意承担作为企业一员的各项责任和义务,乐于参与企业的各种活动。归属感的形成将使员工产生内心的自我约束力和强烈的责任感,调动员工自身的内部驱动力而形成自我激励,最终产生"投桃报李"的效应。增强员工的归属感有助于降低人力资源管理成本。

4. 建立良好的内部人际关系

奖励旅游公司内部人际关系是指公司内部各成员之间的交往关系。人际关系直接影响着公司内部成员的工作效率和能力发挥,影响着整个公司的内聚力。良好的内部人际关系可以在公司内部形成一种和谐的氛围,并能培养高素质的团队,让员工更加顺利地开展和完成各项工作。

三、奖励旅游的服务质量管理

奖励旅游的服务质量管理应该遵循以下原则。

(1)注重"以顾客为中心"的原则。组织依存于其顾客。因此,组织应理解顾客当前的和未来的需求,满足顾客要求并争取超越顾客期望。

(2)注重"持续改进"原则。持续改进是一个组织永恒的目标,只有持续改进,才能使组织效率不断得到优化。

(3)注重旅游服务过程质量的监测。服务型企业产品与过程较难分开,因而过程的细化、过程的控制规范与标准的制定显得尤其重要。需要对服务的每一个动作、表情、语言等确定规范标准,才能保证最终服务的一致性。

(4)注重基层员工的服务管理培训。旅游服务产品生产与消费的同时性决定了旅游服务产品无法在检验合格后再交付顾客,一旦产品质量出现问题将无法更换或返工,从而影响旅游质量,所以客观上要求旅游企业在服务产品生产中一次性过关。同时,基层员工就是与顾客面对面接触的服务群体,他们在旅游企业的服务生产中占据最大比例,因此要确保旅游服务一次做好,必须加强对基层员工的服务管理培训,包括服务技能培训、质量意识培训、服务意识培训与工作能力培养。另外,在服务过程中要加强对基层员工的激励与控制管理,避免对组织产生不良影响。

(5)注重提供个性化服务。个性化服务是根据用户的设定来实现的,其依据各种渠道对资源进行收集、整理和分类,向用户提供和推荐相关信息,以满足用户的需求。从整体上说,个性化服务打破了传统的被动服务模式,能够充分利用各种资源优势,优化产业链,主动开展以满足用户个性化需求为目的的全方位服务。

四、奖励旅游的客户管理

(一)客户分类与建档

对于企业来说,客户的类型有很多,为了方便查找和使用,客户不能按照统一类型建档,应该对不同的客户进行分类,如重点客户、新客户、老客户等。

(二)培养客户的忠诚度

客户忠诚度是指客户因为接受了产品或服务,满足了自己的需求而对品牌或供应(服务)商产生的心理上的依赖及行为上的追捧。客户忠诚度是客户忠诚营销活动中的中心结构,是消费者对产品感情的量度,反映出一个消费者转向另一品牌的可能程度,尤其是当该产品要么在价格上、要么在产品特性上有变动时,随着对企业产品忠诚程度的增加,基础消费者受到竞争行为的影响程度降低了。所以客户忠诚度是反映消费者的忠诚行为与未来利润相联系的产品财富组合的指示器,因为对企业产品的忠诚能直接转变成未来的销售。

五、奖励旅游的保健管理

奖励旅游活动中不可忽视的一点是游客的健康与安全,举办奖励旅游的目的是嘉奖这些参与者,不管游客是企业的员工,还是企业长久合作的客户,都应该处理好他们的健康安全问题。旅游保健服务管理是根据过程管理和预防管理的思想,在奖励旅游产品的设计到实施的全过程中,围绕旅游活动的三个阶段把保健因素贯穿于其中,对奖励旅游活动全过程进行综合保障,实现游客的全过程保健服务管理。游客保健服务管理的管理模式如下。

(1)前期:新闻媒体向全社会做广泛的宣传引导,形成全社会关注游客保健的舆论氛围,并大力宣传在旅游活动中的游客保健知识。游客要做个人预防准备,注意线路的选择要与自身的身体状况相符。奖励旅游机构在活动策划时要掌握游客的身体健康状况以策划合适的活动,把危害游客个体的因素降到最小。保险公司通过向游客提供保险服务来应对疾病和意外事故的发生。

(2)中间:旅游主管部门对旅行社、交通客运部门、酒店饭馆、旅游景区和购物娱乐场所贯彻落实游客保健政策进行指导、监督和管理。卫生部门要对饮水卫生、食品卫生和环境卫生进行有效的监督,防止这类社会因素危害游客的身体健康。当旅游活动中游客发生意外时,卫生部门要能提供快速、及时的急救服务,公安部门要做好社会治安,预防社会危害事件发生,游客自身要注意自我保护,有一定的自我防范意识。

(3)后续:如果游客在旅游活动中发生疾病或意外,回到居住地后,旅游公司要帮助游客处理相关事宜;游客要到卫生机构去检查诊治;游客要及时向保险公司申请理赔。如果游客与旅游公司发生纠纷,旅游主管部门要积极处理投诉等。

案例分析

千岛湖的奖励旅游开发

由淳安县人民政府主办的2020千岛湖旅游奖励政策发布会暨"百团万人游千岛"启动仪式活动在千岛湖隆重举行,百余名旅行商和媒体代表齐聚一堂,共谋2020年千岛湖旅游发展新思路。

发布会现场,2020淳安县全域旅游营销奖励政策备受关注。2020年,淳安县旅游将以"三产业"为发展重点,鼓励运动休闲、会议会展和研学旅行;以"两高"为市场核心,鼓励高端消费和高铁旅游;以"新思路"为营销亮点,鼓励新线路开发、新媒体营销和新市场开拓。值得一提的是,本年度政策大幅提高了组团、地接、入境游客的返利政策;并特别制定"百团万人游千岛"门票政策,即日起至2020年4月30日,对于推广"淳安县住宿1晚及以上+游览千岛湖景区"的前100家县外旅行社,可按照"满5送1"的标准赠送千岛湖景区门票。

会上发布了2019千岛湖旅游大数据报告,举行了2019千岛湖旅游最佳合作伙伴颁奖仪式。江浙沪皖——三省一市战略合作正式签约,2020年长三角一体化旅游战略合作由此拉开帷幕。

截至目前,全县191家宾馆饭店、1 086家民宿(农家乐)、24家A级景区、58家旅行社已全部复工营业。千岛湖正在陆续推出系列优惠政策和疗休养产品,以加速带动当地旅游业率先突围,走在前列。

文章来源:淳安县人民政府网,有删改

第五章 节事旅游

第一节 节事旅游概述

一、节事旅游的基本概念

节事活动是节日活动和特殊事件的合称,其全称为"节日和特殊事件",包括政治事件、文化庆典活动、体育赛事、休闲事件、娱乐事件等。节事研究在国内是旅游研究的新兴领域。近年来,随着旅游业的快速发展,节事活动在我国迅速崛起,在刺激经济发展、繁荣城市休闲文化生活、塑造美好城市形象等方面效果显著,成为旅游地招商引资、提升综合竞争力的重要途径。

节事旅游是指依托某一项或某一系列节事旅游资源,通过开展丰富、开放性强、参与性强的各项活动,以吸引大量受众参与为基本原则,以活动带动一系列旅游消费,进而带动地方经济增长为最终目的所有活动总和。简而言之,节事旅游是由节事活动作为旅游吸引物而引起的旅游活动。

二、节事活动的分类

节事活动是指举办地组织的系列节庆活动或有特色的非经常发生的特殊事件。节事活动形式多样,因此可以根据不同的标准将节事活动划分为不同的类型。

(一)按节事活动的内容

传统节庆类:春节、中秋节、元宵节。

演绎类:音乐节、艺术节、戏剧节。

体育类:国际足联世界杯、国际马拉松比赛。

商业类:啤酒节、陶瓷节。

(二)按节事活动选取的主题分类

按节事活动选取的主题来划分,节事活动可分为商贸、文化、民俗、体育、自然景观和综合六大类型。

1. 以商贸为主题的节事活动

商贸节事活动一般以举办地最具有代表性的风物物产为主打品牌,如青岛国际啤酒节以著名的青岛啤酒为节日主题,类似的还有洛阳的牡丹节、景德镇国际陶瓷节等。

例如,第 31 届青岛国际啤酒节于 2021 年 7 月 16 日～8 月 2 日在青岛西海岸新区金沙滩啤酒城圆满成功举办。这一届啤酒节以庆祝中国共产党成立 100 周年为主线,以"华彩啤酒节"为主题,坚持国际化、大众化、市场化、品质化办节方向,实施"线下＋线上"办节模式,成功打造出"亚洲最大的户外节日",极大地带动了旅游经贸发展,刺激了消费需求,提升了城市美誉度和影响力。短短 18 天,进入啤酒城游客 207.06 万人、线上活动总曝光量达到 20.17 亿次。

2. 以文化为主题的节事活动

文化节事活动是指依托举办地著名的文化渊源或现存的典型的、具有当地特色的文化类型而开展的节事活动。例如,中国淄博国际聊斋文化节,就以人们耳熟能详的聊斋文化为主题举办各种与聊斋相关的活动,以此来活化人们心中的聊斋故事,深受游客喜爱。除此以外,还有福建的湄洲妈祖文化旅游节、山西运城的关公文化旅游节等。

例如,为了更好地传承关公文化,发展河东经济,提升运城形象,凝聚海内外民族向心力,2021 年 9 月 22 日至 24 日,山西·运城第三十二届关公文化旅游节如期举办。活动以"弘扬关公文化,助推民族复兴"为主题,全面宣传河东运城的人文经济和城市形象。关公文化旅游节是河东运城打造的重点文旅节庆活动之一,已成为丰富群众精神文化生活、助力经济社会发展、宣传展示魅力运城的重要平台和"金色名片"。关公文化历经千年升华,已成为中华民族优秀传统文化的典范,成为中国人的道德标尺、行为标杆,为进一步推动运城文旅产业高质量转型发展、彰显运城厚重的历史文化和民俗风情具有重要的积极意义。

3. 以民俗为主题的节事活动

民俗节事活动一般是以本民族独特的民俗风情为主题,涉及书法、民歌、风情、杂技等内容的活动。我国是一个多民族国家,可作为节事活动的民俗题材非常广泛,如吴桥杂技节、傣族泼水节、潍坊风筝节等。

傣族泼水节是流行于云南省傣族人民聚居地的传统节日,国家级非物质文化遗产之一。泼水节傣语称为"桑堪比迈"(意为"新年"),西双版纳傣族自治州和德宏傣族景颇族自治州的傣族又称此节日为"尚罕"和"尚键",意为"周转、变更和转移",指太阳已经在黄道十二宫运转一周开始向新的一年过渡。阿昌族、德昂族、布朗族、佤族等民族过这一节日。柬埔寨、泰国、缅甸、老挝等国也过泼水节。泼水节一般在傣历六月中旬(即清明前后十天左右)举行,是西双版纳隆重的传统节日之一。其内容包括民俗活动、艺术表演、经贸交流等,具体节日活动有泼水、赶摆、赛龙舟、章哈演唱和孔雀舞、白象舞表演等。

如今,云南省多个城市和地区都纷纷开展泼水节旅游活动来吸引全国各地游客。以西双版纳傣族园为例,通过对傣族泼水节的创新开发,与旅游业完美融合,打造出优秀的民族文化产业,吸引了国内外众多的游客。通过对傣族泼水节的旅游开发,一方面为傣族泼水节的保护和传承提供了资金支持,另一方面也更好地弘扬和传承了我国民族传统文化。

潍坊是风筝的发祥地。早在20世纪30年代,潍坊就曾举办过风筝会。改革开放以来,潍坊风筝又焕发了生机,多次应邀参加国内外风筝展览和放飞表演。1984年4月1日,在美国友人大卫·切克列的热心帮助和山东省旅游局及潍坊市工艺美术协会的大力支持下,首届潍坊国际风筝会拉开帷幕。1988年4月1日,第五届潍坊国际风筝会召开主席团会议,会上与会代表一致通过,确定潍坊市为"世界风筝都"。1989年第六届潍坊国际风筝会期间,成立了由美国、日本、英国、意大利等16个国家和地区风筝组织参加的"国际风筝联合会",并决定把总部设在潍坊。从2012年起,每年4月第三周的周六为潍坊国际风筝会开幕日。

国际风筝会的举办让世界了解了潍坊,也使潍坊更快地走向了世界,极大地促进了潍坊经济和旅游业的发展。为了探索在市场经济条件下"打好节会牌、唱好节会戏"的新路子,从第16届开始,尝试市场化运作的办会模式,使风筝会越办越好,吸引了众多游客。风筝会期间还同时举办了鲁台贸洽会、寿光菜博会、潍坊工业产品展销会、昌乐珠宝展销订货会、临朐奇石展销会等经贸活动。

据不完全统计,风筝会期间,前来潍坊进行体育比赛、文艺演出、经贸洽谈、观光旅游、对外交流、理论研讨、新闻报道、文化交流等活动的国内外宾客近60万人。

4. 以体育为主题的节事活动

体育节事活动主要以举办地举行各种体育赛事为主题,如我国每年举办的全国运动会、北京国际马拉松赛、中国香港赛马会等。

香港赛马会(以下简称马会)是中国香港一家非营利性俱乐部组织,负责提供赛马六合彩活动、体育及博彩娱乐。马会由香港政府批准,专营香港的赛马、慈善机构,每年的慈善捐献仅次于东华三院和公益金。此外,马会亦为其2万名会员提供饮食、娱乐、社交等服务。2002年,在马会的鼓励下香港政府通过法例,禁止在香港接受跨境赌博。任何人在香港投注境外的赌博亦被列为刑事罪行。2003年起,马会获准接受海外足球赛事的投注,即足智彩。2005年,与澳门赛马会签订协议,允许澳门赛马会在澳门接受香港赛马投注。

2018年7月4日,为庆祝香港回归祖国21周年,香港赛马会在沙田马场举行"香港共庆回归赛马日"活动。香港赛马越来越受到世界赛马界的重视,每年均有一些赛事被列为国际比赛,吸引来自世界各地的大批赛马高手带着自己的宝马前来参赛,使得香港逐渐成为世界赛马的一个中心;而到马场去观看赛马,已成为来港旅游的外地游客不可错过的一个游览项目。随着赛马活动的日益大众化,香港还出现了一大批专门吃"马饭"的特殊群体,这些群体包括和赛马有关的报刊、广播、电视。据说香港专业马报超过25种,发行量多达60多万份,此外几乎所有香港报纸都专辟有马经版,它总是最受欢迎的版面之一,并借此培养了大批的马评家。

香港赛马不仅历史悠久,而且还广泛渗透到香港的各个角落,曾有人这样形容说:只要有成片的建筑,人们抬头就会发现熟悉的赛马会标志;只要打开电视和广播,就能找到关于赛马的信息;公园是马会修的,医院是马会建的,学校是马会资助的,香港人已经越来越离不开赛马了,赛马也越来越成为现代香港的一个重要城市标志。

5. 以自然景观为主题的节事活动

自然景观节事活动主要围绕举办地的著名自然景观开展相关活动,如中国国际钱江观潮节、吉林国际雾凇冰雪节、北京香山红叶节等。

吉林国际雾凇冰雪节是由吉林省旅游局和吉林市人民政府共同举办的雾凇冰雪节,现已成为提升吉林省旅游形象的亮丽名片,借大自然雾凇资源,打造特色旅游品牌。2022年11月19日上午,第28届吉林国际雾凇冰雪节暨吉林市新雪季开板启动仪式在主会场北大湖滑雪度假区举行。此外,还举行了2022年北京冬奥会火炬永久入驻北大湖滑雪度假区仪式。此次雾凇冰雪节持续到2023年3月,这期间围绕冰雪旅游、冰雪文化、冰雪体育、冰雪商贸四大板块,举办乌拉满族过大年、"赏凇踏雪 燃冬江城"文旅短视频征集大赛、雾凇形象大使大赛、全民上冰雪、冰雪温泉节、冬捕冬钓、"文旅消费券"引流、冰雪体育赛事、群众性冰雪体育运动、娱雪活动、商品展销季等十多项特色主题活动,以及星空夜滑、SKI雪山电音节、爱的高级道、冰雪之夜嘉年华等近百项系列活动,推出了10条冬季精品旅游线路和4条冬季特色旅游线路。

6. 综合性的节事活动

综合性的节事活动主要依托一个以上的主题进行综合展示。目前,我国许多城市举办的节庆活动都是多个会或展的组合,形成节会并举的节事文化现象,即"文化搭台,经贸唱戏"。

(三)按节事活动的规模划分

对于节事规模的界定,国际上有很多不同的观点,但是从现代意义上节事旅游的角度出发,综合节事的规模、目标群体及市场、媒体的覆盖面等标准,节事大致可划分为重大节事、特殊节事、标志性节事和中小型节事。

1. 重大节事

重大节事是指规模庞大以至于影响整个社会经济,同时拥有众多参与者和观众,对媒体有着强烈吸引力的节事活动。国际会展专家盖茨提出,重大节事至少应有两项定量标准:一是参观人次大于100万人次;二是投资成本大于5亿美元。同时还提出了目的多元化、节日精神、满足基本需求、独特性、质量、真实性、传统、适应性、殷勤好客、确定性、主题、象征性、供给能力和便利性14项定性指标。

通常情况下,重大节事往往是全球性的活动,如号称世界三大盛事的奥林匹克运动会、世界博览会、世界杯足球赛。作为全球顶级的体育赛事,世界杯在各方面所带来的经济影响显露无遗。

2022年卡塔尔世界杯是有史以来最昂贵的一届世界杯。这次世界杯吸引全球50亿人参与、收看和关注,给卡塔尔带来100多万游客,并促进了当地经济增长。2023年,卡塔尔还将举行F1分站赛、亚洲杯等多项体育赛事。

2. 特殊节事

特殊节事是指借助一定的主题,能够吸引大量参与者或观众,引起国际和国内媒体报道,并带来可观经济效益的节事活动,如北京国际旅游文化节、世界体操锦标赛、慕尼黑啤酒节等都是备受瞩目的特殊节事活动。

慕尼黑啤酒节又称"十月节",起源于 1810 年 10 月 12 日,因在这个节日期间主要的饮料是啤酒,所以人们习惯性地称其为啤酒节。每年 9 月末到 10 月初在德国的慕尼黑举行,持续两周,到 10 月的第一个周日为止,是慕尼黑一年中最盛大的活动。

慕尼黑啤酒节与英国伦敦啤酒节、美国丹佛啤酒节并称世界最具盛名的三大啤酒节,每年大约有 600 万人参与其中。

3. 标志性节事

标志性节事是指某些大型节事活动在一个地区长期举办,并逐渐与举办地融为一体,成为最能够展示举办地特征的活动,如青岛国际啤酒节、大连国际服装节等都属于标志性节事活动。

4. 中小型节事

中小型节事是指规模较小,影响局限在某个地区范围之内的节事活动。乡镇、社区等开展的节事活动大多数都属于中小型节事活动,如乡镇开展的庙会。中小型节事活动虽然没有受到社会的广泛关注,但是它们数量庞大,其整体效益不容忽视。

(四)按节事活动的产生属性分类

1. 传统节日活动

从传统节日活动的发展历史来分,可分为古代传统型与近代纪念型两种。

(1)古代传统型,指追溯历史文化,反映和弘扬民族传统文化的节事活动。如重阳节的大型登山活动、端午节的赛龙舟活动、新春元宵节的逛花灯活动、庙会等。

(2)近代纪念型,指各国国庆节、国际劳动节、儿童节、妇女节。

2. 现代庆典活动

从现代庆典活动与生产生活的联系看,可分为与生产劳动紧密联系的节事活动和与生活紧密联系的节事活动。

(1)与生产劳动紧密联系的节事活动。如广州的花会、深圳的荔枝节、菲律宾的捕鱼节、阿尔及利亚的番茄节、摩洛哥的献羊节、意大利丰迪市的黄瓜节、美国新墨西哥州哈奇城的辣椒节、西班牙的鸡节等。

(2)与生活紧密联系的节事活动。如潍坊风筝节、上海旅游节、大连国际服装节、青岛啤酒节、中国国际西餐文化节、中国农民旅游节、蒙古族的那达慕大会等,都是对美好生活的自然流露。

(五)按节事活动的组织者分类

1. 政府性节事活动

政府出面组织的公益节事活动,如春节或中秋的联谊活动、劳动节和国庆节的联欢活动、上海市一年一度的旅游节等。

2. 民间性节事活动

民间组织的自发节事活动,如彝族的火把节、傣族的泼水节、法国尼斯和意大利威尼斯的狂欢节等。

3. 企业性节事活动

企业组织的商业节事活动,如大连服装节、F1方程式大赛、北京国际汽车展等。

三、节事旅游的特点

从节事旅游的市场开发的角度来说,节事旅游具有以下几个特征:

(1)节事旅游者具有双重角色。节事旅游者的第一角色一般是某个主题节事的参加者,其次才是在时间充足的前提下做出旅游的选择,扮演第二角色,成为旅游者。因此,节事旅游开发难度相对较大。节事活动的参加者一般都有比较好的旅游经历,如果没有独创性很好的旅游产品,则很难让他们产生旅游动机。

(2)节事活动本身必须具有强大的吸引力,让节事旅游者产生非去不可的心理。此外,节事旅游产品必须丰富多彩,充满个性化选择。节事旅游者往往具备较高的收入和较好的素养,个性化十足。如果举办地没有特别出色的旅游产品供他们挑选,一般很难打动他们。当然如果宣传不到位,也无法将节事活动的参加者转换成旅游者。

(3)节事旅游必须考虑当地的认可度。从旅游容量的角度来分析,大量人流的涌入既会给当地带来正面效应,也会带来负面效应。如果超过了当地居民的承受能力,就会遭到当地居民强烈的抵制而显示出不友好的态度。因此,举办地应控制好节事活动参加者的数量,并非人越多越好。

四、节事活动的形成条件

(一)独特的城市印象和强大的吸引力

城市印象即城市在人们心目中的形象。一般而言,城市形象往往由很多因素共同构成,如市民好客度、城市总体景观、旅游基础设施等。以上城市形象构成因素缺一不可,只有那些具备全面形象的城市才有可能开展具有一定影响的节事旅游活动。

(二)个性化的选择

节事旅游者往往收入较高,个性化十足。如果节事活动举办地没有特殊的旅游产品,一般很难吸引他们。例如,哈尔滨国际冰雪节就是在"冰雪"上做文章,开展冰雪艺术、冰雪体育、冰雪饮食、冰雪经贸、冰雪旅游、冰雪会展等各项活动,用"冰雪"这一特色来吸引旅游者。为了给前来节事举办地的观光旅游者留下深刻的印象，举办地在开展节事旅游活动时应尽可能地多样化，特别是一些能够突出地方特色的活动，往往会受到旅游者热烈的欢迎，同时也可以提高旅游附加值。

(三) 良好的经济环境

经济环境主要包括服务业环境，以及是否有强大的经济实力。节事旅游必须依靠一定的经济基础，否则很难维持下去。而衡量经济环境的一个重要指标就是服务业发展水平，节事旅游的开展也依靠发展水平较高的服务业的支撑。

(四) 便利的交通

节事活动要想成功，一个先决条件就是城市交通的便利性。交通便利对城市举办旅游会展影响极大。同时，便捷的城市交通也是标志性会展的标准之一。我国的香港和东南亚的新加坡之所以成为世界级的会展之都，原因之一就是这两座城市都拥有高效、便捷的城市交通。

(五) 宜人的气候

"宜人的气候"指的是气候温和，人们无须借助驱寒或者避暑的装备和设施就能保证一切生理过程正常进行的气候条件。例如，因为威海气候宜人，众多体育赛事选在威海举办。

五、节事旅游的意义

(一) 荟萃产品精华，激活静态资源

从目前看来，制约各地旅游发展的一个重要因素是产品内容单一、文化型静态资源居多。受其影响，呈现出旅游者活动范围狭窄、体验沉闷、参与性弱的不利局面。因此，要通过举办节事旅游活动，借助节事主题和活动序列，对现有资源进行集中组合，对展示方式进行动态调整，对产品内涵进行深度挖掘，通过在可观赏、可聆听、可参与、可遐想、可咏叹等方面进行改造，搭建起节事活动这一舞台，全面展示和激活文化性旅游资源的内在价值和时尚品位，使历史有活力，使文化有生机，使游览过程有生活气息，最终形成当地旅游资源由"静"及"动"、由"散"至"连"、由"死"变"活"、由"古"而"新"的自然切换。

(二) 宣传举办城市，提高其知名度

节事旅游活动不仅本身具有旅游吸引力，它还起到旅游市场营销的作用。在一定程度上，旅游节事活动对举办地的营销功能要大于其自身的旅游功能。活动举办前夕，举办者会对举办城市的历史、文化、工业、农业等旅游资源进行整合，对旅游景区、景点、线路进行研究，增强和完善旅游设施，展示举办城市的旅游特色，积极宣传举办城市。节事发生期间，高强度、多方位、大规模的宣传活动和所引起的广泛关注，形成轰动效应，使更多的人通过各种媒介或实地游览对城市留下深刻的印象，从而在短期内迅速提升举办城市的知名度和美誉度，吸引大量的国内外游客前往游览，促进当地旅游业的发展。成功的节事

活动的主题还能够成为城市形象的代名词,正如一提到斗牛就想到西班牙,一提到风筝节就会想到山东潍坊。这些成功的案例都说明,节事活动与举办地已经形成了很强的对应关系,能够迅速提升举办地的知名度。

(三)削弱季节差异,扩展适游周期

我国现有很多文化型旅游目的地,因气候等不可控原因,不可避免地存在着淡季和旺季的客观差异。通过人为手段,结合潜在需求,对市场进行"填补低谷",就显得十分必要和紧迫。而节事旅游活动的举办可以在时间上做文章,利用淡季,以集中性展示为手段,对现存资源进行合理利用,延长适游期,力求以丰富多彩的内容吸引游客,以声势浩大的排场感染游客,以鲜明突出的主题打动游客,从而扩大淡季市场规模。

(四)强化综合效应,惠及当地居民

大型节事活动具有声势大、影响广等强势特征,强大的产业关联和市场带动,摆脱了单纯门票效应的约束,多方向、多渠道、多层次产生辐射,既能确保当地居民成为其中最大的受益者,也能使当地居民认识到自身与当地旅游业相得益彰、唇齿相依的紧密关系,从而更好地调动和保护其自觉参与旅游发展的热情和动力,使其能积极主动地与旅游业友好而邻,这对资源的保护和发展也将产生极大的促进作用。

(五)整合各方力量,营造外部环境

任何大型节事活动的成功举办,都必须聚合有关方面的权威、智慧和资源,倾力而为,众志成城。要通过举办旅游节事活动,创造出新的工作抓手,树立新的工作威望,从而进一步凝聚起、发挥好有关方面的资源和资金,通过有效整合,最终营造出有利于当地旅游发展的良好外部环境。一是要以当地政府为主动机构,以旅游局为主要协调部门,以节事活动为主要平台,调动当地政府各部门的力量,各司其职,彼此联动。二是要积极攻关,在组织机构、相关政策、扶持资金、市场宣传上获取足够支持。三是要以市场回报为工作纽带,发挥当地社区和民众的作用。

(六)培育市场品牌,强化整体营销

通过举办大型节事旅游活动,在市场上打响一个深意的旅游目的地品牌,并使品牌属性转换成功能利益和情感利益,从而满足游客需要,体现特定价值观、附加象征旅游文化。节事旅游活动要善打组合拳,通过组织大型促销活动、探索体验营销,一个面孔,一个声音,形成强大的"执行力"。无论是主题、内容,还是配套的一系列大型促销活动,都要传达当地在品牌形象、品牌主张方面的统一声音。通过举办节事活动,形成旅游业内部营销联盟,扩展品牌生态图,以形成旅游品牌的影响力、号召力和竞争力。

六、节事旅游的影响

(一)经济效益

节事活动的开展,首先会吸引大量的游客参观游览,产生直接的经济收入。其次,旅游者在旅游目的地的流动和集中消费带动了目的地多个产业的发展，实现产业结构调整和升级，具有强大的综合带动作用，产生巨大的经济效益，强大的口碑效应是其影响的延伸，越来越多的游客慕名而来，赞助商也纷纷前来投资，推动旅游目的地产业结构调整。这有利于当地企业塑造产品品牌，开拓市场，推介产品，从而获得经济收益的增加，促进企业发展；也有利于促进当地企业与外界的信息交流，促成交易。

（二）社会文化效益

节事旅游除了带来显而易见的经济效益，还能为当地带来积极的社会效益。这些社会效益主要体现在增加居民就业、展示政府形象、提高区域名声、促进设施完善、提升精神生活、弘扬民族文化、加强对外交流等诸多方面。为了举办大型节事活动，从政府到市民、从机关到社团，无不努力改善自身形象、提高自身素质，努力将一个文明、开放、欣欣向荣的现代化城市形象展示出来。有了这股动力，在发展节庆活动的同时，当地居民的自身素质和当地基础设施的建设都会相应有所提高。软环境和硬环境的双重进步，也会使区域的名声得以传播，知名度随之扩大。

（三）后续旅游效应

大型节事活动因其投资大、建设多、影响面广，容易产生轰动效应。在整个节事活动期间，举办地成为社会瞩目的焦点，其巨大的聚焦效应会迅速提升举办地（国）的旅游品牌形象。从以往的奥运旅游、世博旅游的发展经验来看，节事活动前和举办活动期间，是旅游业特别是国际旅游业发展的良好机会。在这一阶段，通过在旅游地形象设计和传播中强化已有的良好的旅游形象，同时努力淡化和消除那些不好的旅游形象，以实现旅游目的地形象发展中的"马太效应"。

大型节事活动可以促成区域旅游合作，拓展旅游发展空间。大型节事的举办同时也为区域内的旅游合作提供了巨大的发展空间，打造出以事件举办地为核心的区域旅游圈。例如，2010年上海世博会促成了江、浙、沪旅游圈的形成。

节事旅游活动也会有消极的影响，这包括：

（1）节事活动举办地生态环境可能会遭到破坏。很多参与节事活动的游客缺乏环保意识，将节事活动期间产生的大量垃圾随手丢弃。如果主办方缺乏相应的管理制度，没有对污染环境的行为及时制止和对垃圾的回收处理，就会对当地生态环境造成严重的破坏。

（2）当地居民生活质量可能会下降。节事活动期间，各类活动的举办和涌入的人流会产生噪声污染，再加上随之而来的物价上涨，会极大影响举办地附近的居民的生活起居。

（3）过度商品化可能削弱当地文化价值。有的节事活动和衍生产品一味追求商品化所带来的人流量和经济价值，只是粗糙地将当地传统文化开发为商业属性强的节事活动和产品，而忽视了当地文化中真正有价值的精髓。居民和游客对于当地文化的肤浅认知就此形成，直接导致了对当地文化价值不可逆转的损害。

节事旅游活动作为旅游产业的衍生品，以其特有的发展优势在带来经济、社会文化效益和后续旅游效应的同时,对当地也产生了一些消极影响。相关人员要积极探讨节事旅游活动对城市发展的积极影响,最小化节事活动的消极影响,寻求节事旅游活动更好的发展模式,实现节事旅游活动与城市发展的有效结合。

第二节　节事旅游的策划与管理

一、节事活动策划的必要性

节事作为一种社会文化的仪式化表达,可能带来大量的经济、环境、社会效益,但若策划运作不当,也可能引起不良效应。节事资源具有潜在的特性,创新和独特是节事活动的核心。

节事活动策划是指以一定的资源条件和市场为基础,对节事活动的主题、内容、举办形式进行事先分析,并做出谋划和决策的一个理性的思维过程。节事的筹办、策划、举办和运作是一个系统工程,前期需要经过周密的准备过程,来保证节事利益相关者的预期利益得到满足,同时也保证节事举办的顺畅和安全。

二、节事活动的策划原则

(一)准确原则

节事活动作为一项文化产品,其定位必须十分准确。这就要求相关人员在策划时必须有准确的主题定位和目标市场定位。当前国内一些节事活动策划比较随意、盲目,还有一些比较守旧、俗套,这类活动策划往往没有在把握当地文化资源、分析社会经济条件方面下足功夫,导致了定位的偏差。一是在节事主题策划时可能会存在牵强附会,避重就轻甚至本末倒置的情况。二是在节事市场策划时可能存在对目标市场定位不准、分类不明确甚至判断错误的问题,最终导致策划活动因失去精准的目标而无法对整个节事活动产生正确的指导。因此,准确、到位的策划是节事活动成功的关键,也是其能够在激烈的市场竞争中脱颖而出的关键,更是其具有持久生命力的关键。

(二)特色原则

节事要办好,关键在于有特色。找准特色,就是破解了节日经济的密码;抓住特色,就是抓住了节日经济的命门。节事活动的特色主要表现在民族特色、地域特色、文化特色和时代特色,这些特色尤其是文化特色在一些举办得比较好的节事旅游中都得到了充分的体现。例如,哈尔滨冰灯游园会在内容策划上,突出了哈尔滨地区富有浓郁特色的文化,设计出了一系列观赏性强的活动内容,极大地吸引了游客和市民,取得了很好的效果。

(三)优势原则

节事策划必须要建立在当地优势资源和优势产业的基础上,这样才能形成自己的特色。本地的优势资源是相关人员在策划时首先需要考虑的因素,这种资源可以是自然的,也可以是人文的;可以是历史上的,也可以是当代的;可以是当地存在已久的传统节日典礼、仪式,也可以是为了纪念某位名人或某个重要事件的公众集会活动和表演等。同时,优势产业也给节事策划提供了大量的资源,如在啤酒业、服装业、花卉种植业等支撑当地经济发展的具有代表性的优势产业、拳头产业发展的基础上,策划啤酒节、服装节、花卉交易会等,既可以发挥当地的产业优势,更容易打造出与主办地整体形象和谐统一的节事活动,可谓一举两得。我国现有的绝大多数节事活动都是创建在当地优势资源和优势产业基础上的。

(四)公众参与原则

广泛的民众性是节事活动赖以成功的魅力所在。节事活动的魅力不在于安排多少项活动,而在于有多少大众身临其境感受其间的人文气氛,节事活动要的就是成千上万人扶老携幼、结伴前往的这种普天同庆、万民同乐的节日气氛。大众性是节庆营销的前提。

(五)市场化原则

节事活动进入市场化运作必须遵循市场规律,注入"成本与利润""投入与产出"的理念。源源不断的资金是节事活动历年不衰的阳光和土壤,也是节事营销得以传承的基础,但资金来源不能依赖政府财政投入,应建立"投资－回报"机制,同时,逐步提高知名度和影响力,吸引大企业及媒体的参与,形成"以节事养节事"的良性循环发展模式。

(六)高效原则

效益是人类社会的推动力,是个人、组织乃至国家所追求的目标。我国大力提倡建设"节约型"社会。节事策划也在追求一定的效益,每一个节事活动都要投入大量的时间、人力、物力、财力和许多其他社会资本,有投入就要有产出,而在市场化办节的今天,高效益正是节事追求的目标。新形势下的节事策划,必须牢牢把握高效益原则,提高节事举办效率,在策划环节就堵上浪费的口子。

三、节事活动策划的方法

(一)一般方法

1. 深入挖掘法

分析当地各种各样的节事活动,对其重新进行名称、理念、内容等的定位,即利用传统资源,并赋予新的商业理念,策划满足客源市场文化心理的节事活动。

2. 外部借鉴法

外部借鉴法顾名思义,是指直接引用或者模仿其他国家和地区的节事名称、形式、内容而为我所用的一种节事策划方法。

3. 理性预测法

通过分析社会、经济、文化等综合信息,预测消费心理和消费趋势、经济发展前景和潜力、营销理念的转变、技术发展趋势等,顺时而动,策划全新节事活动。

4. 规划整合法

整合多个节事活动的所有优势资源,取长补短,打造精品节事活动。同类节事活动的整合可使内容更丰富、市场更集中,还能提高组织运作效率,减少地区内节事活动之间的不必要竞争,避免浪费,也有利于树立地方统一的形象和品牌。

(二)具体方法

1. 抽样调查法

抽样调查法是指按照一定方式从调查总体中抽取部分样本,用样本结论说明总体情况的一种调查方法。

2. 网络调查法

网络调查法是通过网络进行有系统、有计划、有组织的市场数据的收集、调查、记录、整理和分析,进行客观的测定和评价。

3. 头脑风暴法

现代创造学的创始人、美国学者阿历克斯·奥斯本于1938年首次提出头脑风暴法。在节事活动策划中使用头脑风暴法是让与节事活动有关的人员敞开思想,共同讨论,使各种设想在相互碰撞中激起头脑的创造性风暴。节事活动策划采用这种方法时一般以8~12人为宜,也可略有增减(5~15人)。讨论时有两个要求:一是讨论者应畅所欲言,自由表达自己的想法;二是大量的想法中必定包含有价值的内容,综合评价,归纳总结。规定是:不允许提任何恶意而离谱的想法,不允许对他人的想法提出批评,鼓励多提有关活动策划的设想和灵感创意等。

4. 专家调查法

专家调查法也称德尔菲法,是美国兰德公司在20世纪50年代与道格拉斯公司合作研究出的有效、可靠地收集专家意见的方法。该方法本质上是一种反馈匿名函询法,其大致流程是在对所要预测的问题征得专家的意见之后,进行整理、归纳、统计,再匿名反馈给各位专家,再次征求意见,再集中,再反馈,直至得到一致的意见。

四、节事旅游的管理

(一)确定节事活动的运作策略

1. 节事活动品牌化运作策略

节事活动品牌化运作包括三个方面:产品化、制度化和产业化。

(1)产品化。旅游节事应该作为一个产品来包装营销,使其成为地方形象塑造的载体。在旅游节事的运作中,要结合当地的其他旅游资源,合理安排时间、空间,协作联动,以发挥其提升形象的功能。

(2)制度化。节事活动的运作在制度方面要完善以下几点:一是建立行业惯例。我国节事产业处于不断成熟的阶段,其运作处于一个从小到大,从分散到集中,从偶然性、间断性到长期性、经常性,从非专业化向专业化方向转化的过程。在这一发展过程中,逐渐形成大多数节事举办者共同认可与遵守的经济活动习惯和交易方式,如约定俗成的行业规范和组织、交易争端解决方法等,能大大促进节事产业的发展。二是建立行业准入机制。目前全国各地都在大办节事活动,但是有些组织者过于追求经济效益,以破坏或歪曲地方文化为代价,表现为一种短视行为。为此,需建立一个行业准入机制,规定举办方所应具备的条件和资格,如举办方的经济实力、节事业务经营能力、商业信誉、以往的举办业绩等。三是建立节事经济活动准则,包括节事产品的市场价格准则、举办单位竞争准则、节事举办风险规避准则、节事经济收益分配准则等。这些规范有利于节事生产的有序竞争。

(3)产业化。要建立和完善节事产品的开发和创新体系。政府管理部门要退出一手包办的局面,只起引导和监督的作用,引进多种投资主体,多种渠道筹集资金,按照市场规律办事,完善节事品牌的知识产权保护及其开发和利用,鼓励建立专业化的节事策划运作公司。

2.节事活动市场化运作策略

本质上讲,节事活动首先是一种经济活动,旅游节事活动举办的目的之一就是通过文化这一载体,获得良好的经济效益和市场效果,因此,不论是节事活动举办的需求还是供给方面,都应当遵循一定的市场规律,把节事活动纳入市场经济的轨道,进行市场化运作。一方面可以节约成本,在节事活动举办过程中,时间地点选择、广告宣传方式等方面完全按照市场的需求来做,可以大大节约成本,避免因行政力量介入时造成不必要的浪费。另一方面可以做到收益最大化。这里的收益包括参加企事业的收益、政府的形象收益,也包括给当地带来的其他社会效益。

3.节事活动系统化运作策略

旅游节事的举办是一项系统工程,涉及众多部门、行业。一方面需要政府宏观引导;另一方面需要各职能部门整体协作,以实现节事的成功举办和发挥节事的后续效应。系统化运作包括三个方面:系列化、专业化和网络化。

(1)系列化。节事的运作要发挥其长期效应,注重旅游节事举办的后期效应。因此,在旅游节事的类型和时间上进行系列化,具体表现为在旅游节事的内容上,要结合当地文化特征,体现当地的地方文脉,表达地方精神,始终以文化为其本质;在节事的范围方面,要具有综合性,体现文化特色、技术特色,同时又要追求经济效益;在时间上,要体现节事的动态性,根据当地的季节特点安排适宜的活动。

(2)专业化。我国目前的旅游节事活动多为政府或企业操作,缺乏专业化的节事运作。就此,政府应该建立节事管理部门,旅游节事的运作由专业的节事公司操作。一些大型旅游节事活动还可聘请具有国际通行的节事协业资格的专业人士策划,从节事战略定位到节事效益评估,进行专业的规划。

(3)网络化。随着科技的发展,信息技术被广泛应用于节事活动中。通过网络,可以进行市场调研和商务往来,对节事新闻进行更新,增加附加值,加大吸引力度,节约成本等。此外,通过网络可以进行旅游节事网上销售,提高节事品牌的知名度等。可见,加大对网络的成功运用,是旅游节事活动发展的趋势。

(二)确定节事活动的运作模式

1. 政府包办的模式

目前,我国很多城市和地区较多采用这种模式,政府在节事活动举办过程中包揽一切事务,扮演多种角色,不仅活动由政府主办,而且节事旅游活动的内容场地时间等都由政府决定,参赛单位由政府指派。政府包办模式虽然能最大限度地统筹规划,但也给地方政府带来很大的财政负担,一定程度上限制了参赛企业的积极性和主动性,经济效益和社会效益也会大打折扣。

2. 各部门及协会主办或联合主办模式

这种模式是目前许多专题城市节事活动采用较多的模式,它具有政府包办模式的一些特点,但也在不断地加入市场化运作的一些成分。

例如,中国国际高新技术成果交易会(深圳)由对外贸易经济合作部、科学技术部、信息产业部、国家发展计划委员会、中国科学院和深圳市人民政府共同举办。它坚持"政府推动与商业运作相结合,成果交易与风险投资相结合、技术产权交易与资本市场相结合、成果交易与产品展示相结合、落幕的交易会与不落幕的交易会相结合"等原则,面向国内外科研院所、企业、高等院校、投资和中介机构,提供交易服务。

又如,桐庐富春江山水节提出了"区域联动、行业联合、企业联手、产品联体"合力办节的模式,成功的商业化运作模式,突出的群众参与性,全民办节、全方位联动的方式,使山水节成为提升当地旅游业的重要部分。

3. 市场化运作模式

市场运作模式是节事旅游活动走向市场化的最终模式。在这种模式下,节事旅游活动完全由节事旅游企业按照市场经济规律运作,其优势不言而喻。首先,节事旅游活动的时间、地点、运作方式、参赛资格等各方面均由市场需要决定,可大大节约成本,同时也避免了行政力量介入导致的不必要的浪费;其次,有利于实现旅游效益的最大化。

4. 政府引导、社会参与、市场运作的模式

该模式是当前比较符合我国国情的一种节事旅游运作模式。在这种模式下,节事旅游活动的主办方仍旧是政府,但其作用发生了变化,由过去的主导活动变为主要确定节事旅游活动的主题和名称,并以政府名义进行召集和对外宣传。而社会力量的作用体现在为节事旅游活动的主题献计献策,营造良好的节事旅游环境氛围,以及积极参与各项节事旅游活动。真正的市场运作则具体委托给企业,采用激励的方式让更多的企业参与到节事旅游中。

目前来说,此种模式带来了较好的经济效益和社会效益,各地在开展节事旅游活动时也经常采用这种模式,如哈尔滨国际冰雪节、潍坊风筝节、广州国际美食节等。

小贴士

哈尔滨冰雪文化之都(冰雪经济)发展规划(2022—2030年)(节选)

……

二、总体思路

……

(二)形象定位

冰雪之冠上的明珠——哈尔滨

(三)产业架构

……构建"一心、两带、六大工程、三个支撑"的"1263"冰雪产业发展格局,形成"一心综合集聚、两带串联带动、六大工程建设、三个体系支撑"的冰雪经济发展态势。

1. 一心:哈尔滨市区中心

哈尔滨市区中心延伸至双城、五常,富集太阳岛、冰雪大世界、哈尔滨大剧院、融创雪世界、深哈产业园、经济开发区、凤凰山等丰厚冰雪文化、冰雪装备资源,充分发挥市区中心的发展优势,打造冰雪旅游集散地、客源产出地、冰雪观光与冰雪运动基地,发展成为冰雪文化之都的核心承载区。

2. 两带:松花江冰雪休闲带、哈亚滑雪旅游带

松花江冰雪休闲带包括呼兰、巴彦、木兰、通河、依兰、方正、宾县等沿江县域,结合县域生态乡村资源,打造冰雪民俗、娱乐体验等冰雪文化精品;哈亚滑雪旅游带包括阿城、尚志延伸至延寿,以亚布力为龙头,推动沿线平山、玉泉、帽儿山、虎峰岭等冰雪运动和冰雪旅游的产品提升,打造成为世界知名的冰雪运动和冰雪旅游胜地。

3. 六大工程:冰雪旅游、冰雪体育、冰雪装备、冰雪艺术、冰雪景观、冰雪IP

积极推进六大冰雪工程建设,依托哈尔滨市丰富的冰雪文化资源和丰厚的冰雪产业基础,打造"冰雪+"产业融合体系,形成千亿级产业集群,实现"冰天雪地"变成"金山银山"。

4. 三个支撑:培训、交通、环保

推进三个体系建设,不断提升基础设施品质、服务保障品质、生态环境品质,以创新要素带动产业要素,助力哈尔滨冰雪经济发展。

(四)发展目标

以创建冰雪大世界四季冰雪景区为引爆点,以提升世界级亚布力滑雪度假地为牵动,以冰雪运动、冰雪文化、冰雪装备、冰雪旅游为产业发展方向,以"人文冰雪"为特色提升冰雪文化内涵,将哈尔滨市打造成为以生态雪国为本底,冰雪运动、休闲度假、冰雪装备为支撑的集冰雪文化旅游体育名城、冰雪文化体验和传承地、国内冬季旅游首选地、国际冰雪经济示范地于一体的冰雪文化之都。

到2025年,建设一批冰雪旅游度假地和冰雪运动基地,培育形成一批具有国际竞争

力的冰雪企业和知名品牌,冰雪产业体系不断完善,产业链基础不断夯实,"冰天雪地"转化为"金山银山"成效明显。以冰雪竞赛表演及教育培训、冰雪文化、冰雪装备、冰雪旅游等业态主导,冰雪产业总产值达到750亿元,占全省四分之一以上。到2030年,哈尔滨市冰雪产业结构更优化,综合实力更强,引领带动作用更大,冰雪经济效益凸显,冰雪文化之都完美呈现。以冰雪竞赛表演及教育培训、冰雪文化、冰雪装备、冰雪旅游等业态引领,冰雪产业总产值突破1500亿元,占全省三分之一以上。

……

三、主要任务

(一)做强冰雪旅游,实施特色旅游跃升工程

1.建设冰雪旅游旗舰景区

(1)亚布力滑雪旅游度假区。全面对标北欧滑雪度假区,在新的规划区域内加快推进打造滑雪、住宿、休闲、运动、娱乐、餐饮、购物、社交、SPA等功能完备一体化运营的度假综合体和冰雪特色小镇。以冬奥会举办地标准打造国家体育休闲示范区、高山滑雪首选地。

(2)哈尔滨冰雪大世界四季冰雪景区。重点建设冰山馆、冰雪秀场、摩天轮、梦幻冰雪馆、商服及景观广场等,实现与冬季室外景观无缝衔接,冰雪项目四季运营。

(3)松花江冰雪嘉年华景区。游乐体验项目集大众性、互动性、趣味性和观赏性于一体,创造"中国面积最大的冰雪乐园"大世界基尼斯纪录。

(4)伏尔加庄园景区。建设伏尔加文化中心、康养体验社区、康养人文社区、阿什河景观长廊、伏尔加之夜等项目;冬季开展越野滑雪、中俄冰帆赛、冰上芭蕾、雪地足球、冰壶等项目,打造中俄文体旅的新地标。

2.丰富高品质冰雪旅游产品

推进市场化、资本化、品牌化运作,重点打造冰雪户外运动、冰雪景点、冰雪节庆三大冰雪旅游产品体系。

3.培育精品冰雪旅游线路

推进长三角、珠三角冰雪旅游专线,京津冀、东北地区冰雪旅游一体化发展,积极开拓冰上丝绸之路国际跨境冰雪旅游线路。

4.完善冰雪旅游度假体系

……重点打造以亚布力、太阳岛等为代表的冰雪旅游度假区,突出发展休闲度假和观赏、娱乐、餐饮等为一体的冰雪体验空间,打通配套产业链,完善亚布力冰雪旅游小镇、伏尔加庄园异域文化体验区、凤凰山旅游度假区等景区,形成四季均衡发展的综合性冰雪旅游度假区。

……

(二)做足冰雪体育,实施体育赛事牵动工程

1.积极发展冰雪体育赛事经济

做好国际级大型冰雪赛事的引进举办,积极申办冬青奥会、亚冬会等综合性冰雪体育运动会。积极引进并举办国际冰盘赛、冰球、冰壶等项目联赛(分站赛)大型竞赛活动,举办具有地域特色的IP赛事活动,创建国际冰雪体育赛事之都。

2.深化拓展冰雪体育休闲运动

开展全民冰雪体育活动,以"30分钟冰雪健身圈"为核心,加大冰雪体育公共服务供给。继续开展"赏冰乐雪""全民上冰雪百日系列活动"和"百万青少年上冰雪"活动,打造滑雪马拉松、冬季铁人三项、滑冰、冰球、冰盘、雪地足球、冰上汽车拉力赛等精品冰雪赛事活动。

……

(三)做大冰雪装备,实施冰雪产业强基工程

1.着力培育一批冰雪装备龙头企业。将冰雪装备领域成长性强的企业优先纳入"规模以上企业培育专项行动",进而带动上下游产业联动发展。

2.积极引入高端冰雪装备制造项目。重点对接欧美知名冰雪装备生产企业和知名品牌国内代工企业,吸引投资商在哈尔滨市投资建设高端冰雪装备生产项目和营销店。鼓励哈工大机器人技术与系统国家重点实验室推进冰雪智能训练、冰雪智能辅助训练系统产学研一体化发展。

……

(四)做精冰雪艺术,实施文化艺术融合工程

1.丰富冰雪文化时尚业态

以哈尔滨冰雪大世界、太阳岛雪雕博览会为龙头,打造以大型城市冰雪景观VR秀、冰雪趣味活动、冰雪实景演出、花车巡游、冰雪音乐会、冰雪歌舞表演、立体灯光秀、冰雪戏剧展演等为主要内容的"白+黑"差异化、互补性冰雪休闲娱乐项目。

2.建设冰雪艺术街区

打造冰雪演艺综合体,把哈尔滨打造成为国际冰雪时尚创意名城。重点培育冰雪影视和冰雪动漫等新兴文化产业,打造国际冰雪影视制作拍摄基地和具有行业影响力的冰雪动漫、网游研发消费体验基地。以冰雪为载体,开发冰上芭蕾、冰雪艺术、冰雪实景剧目、冰雪时装秀等文化演艺产品及冰雪景区驻场型文化演艺剧目。采取多媒体、虚拟现实、三维实景等高科技手段与传统演出相结合模式,推动沉浸式实景演出。

3.打造冰雪文化创意产业基地

支持冰雕艺术、雪雕艺术、冰雪摄影、冰雪文化演艺、创意旅游商品、冰雪传统艺术创作的发展,提炼冰雪文化元素,设计开发丰富多样的服装服饰、工艺美术、珠宝首饰等冰雪时尚产品,打造中国首个冰雪文化创意产业基地。

4. 繁荣冰雪文化艺术精品创作

讲好哈尔滨冰雪故事,重点抓好舞台剧目、广播影视、音乐、舞蹈等艺术门类作品创作生产。

(五)做优冰雪景观,实施城市环境管理工程

1. 营造冰雪意象氛围

借鉴芬兰、瑞典等北欧国家发展经验,提升城市规划水平。打造雪花摩天轮等全新地标。在主城区建设冰雪雕塑、冰雪地标性景观,营造冰雪震撼奇观、冰雪浪漫情境、冰雪童话世界,让人们享受具有哈尔滨浪漫标识的冰雪特色体验。

2. 冰雪体验场景设计

重点以哈尔滨冰雪大世界、太阳岛风景区为依托,营造"冰天雪地"的场景氛围。除了传统的冰雕欣赏、雪雕展览外,将艺术、科技、音乐、饮食等文化元素与冰雪主题结合,设计出更多冰雪体验场景,如360°冰雪过山车、极速滑道、浪漫飘雪、冰室酒吧、雪坡速降等。

3. 冰雪城市管理

坚持"绿色清冰雪"理念。城市公园在第一时间清理园路、广场、健身区域积雪的同时,以园路广场树池花坛健身区域等边石为界限,保留树池、绿篱片植、花坛、绿地内自然降雪,保持"景观留白"效果。

(六)做响冰雪IP,实施冰雪文化传播工程

1. 创新塑造城市冰雪文化IP

通过建设全域共享冰雪盛景来推动城市文化IP升级,以哈尔滨冰雪文化底蕴和欧陆时尚浪漫的城市特质,通过创新驱动,延伸冰雪IP新的内容。

……

3. 开展冰雪文化节庆活动

以中国·哈尔滨国际冰雪节为引领,推出冰雪音乐、冰雪综艺、冰上杂技等特色演艺,支持重点冰雪旅游度假区打造四季特色驻场演出。办好冰雕、雪雕国际大赛、采冰节、全民冰雪趣味运动会等系列休闲娱乐类活动,鼓励发展浪漫小镇、街头演艺、冰雪时装秀等时尚文化活动。

4. 打造冰雪经济平台

积极搭建冰雪文化和冰雪经济交流平台,开展以冰雪为主题的国际会展、经贸洽谈、招商引资、冰雪推介、文化交流等活动,促进产品品牌共建共享,把哈尔滨打造成国际知名冰雪会展聚集地。

……

文章来源:哈尔滨市人民政府网

第六章　会展旅游目的地的综合服务管理

旅游目的地是指在一定的地理范围内，具备旅游消费者感兴趣的旅游吸引物，集合旅游产品和旅游接待设施等服务体系，为满足消费者吃、住、行、游、购、娱等需求而构建的综合性区域。

智慧旅游专家布哈里斯提出了旅游目的地"6A"构成要素：

(1)旅游吸引物(Attractions)：自然风景、人造景观、人工物品、主题公园、遗产、特殊事件等。

(2)交通(Accessibility)：整个旅游交通系统，包括道路、终端设施和交通工具等。

(3)设施和服务(Amenities)：住宿业和餐饮业设施、零售业、其他游客服务设施。

(4)包价服务(Available Package)：预先由旅游中间商和相关负责人安排好的旅游服务。

(5)活动(Activities)：包括所有的目的地活动，以及游客在游览期间所进行的各种消费活动。

(6)辅助性服务(Ancillary Service)：各种游客服务，如银行、通信设施、邮政、报纸、医院等。

第一节　餐　饮　管　理

餐饮管理是一项集经营与管理、技术与艺术、秉承与创新于一体的业务工作，与其他部门的管理相比，具有不同的特点，要求饭店在餐饮管理上也应独具特色，以适应管理主体的要求。

一、餐饮管理的特点

(一)产销即时性，收入弹性大

餐饮管理是通过对菜点的制作和对客服务过程的计划、组织、协调、指挥、监督、核算等工作来完成的。其业务过程表现为生产、销售、服务与消费几乎是在瞬间完成的，即具有生产时间短、随产随售、服务与消费处于同一时间的特点。这就要求餐饮部必须根据客人需要马上生产，生产出来立即销售。客房收入来源于住店客人，其房间数和房价保持相对不变，客房收入是相对固定的，其最高收入往往是一个可预测的常量。而餐饮的服务对象除了住店客人外，还有非住店客人，而且客人的人均消费也是一个弹性较大的变量。饭店可通过提高工作效率、强化餐饮促销、提高服务质量等手段提高人均餐饮消费量,使餐饮的营业收入得到较大幅度的提高。

(二)业务内容杂,管理难度高

餐饮业务构成复杂,既包括对外销售,也包括内部管理;既要考虑根据饭店的内部条件和外部的市场变化,选择正确的经营目标、方针和策略,又要合理组织内部的人、财、物,提高质量,降低消耗。另外,从人员构成和工作性质来看,餐饮部既有技术工种,又有服务工种;既有操作技术,又有烹调、服务艺术,是技术和艺术的结合。这必然给餐饮管理增加一定的难度,要求相关人员既要根据客观规律组织餐饮的经营管理活动,增强科学性;又要从实际出发,因地制宜,灵活处理,提高艺术性。同时,餐饮成本构成广泛,变化较大。从原材料成本来看,有的是鲜活商品,有的是干货,有的是半成品,有的是蔬菜瓜果。这些原材料拣洗、宰杀、拆卸、涨发、切配方法和配置比例存有明显差异,加工过程中损耗程度各不相同,而且有些原材料的价格往往随行就市,变动幅度较大。但是饭店的菜点价格又不能经常变动。此外,还有燃料、动力费用、劳动工资、餐具等易耗品的消耗,家具、设备的折旧等,其中有些是易碎品,损耗控制难度较大。因此,加强餐饮成本控制,降低消耗,往往是餐饮管理的重要课题。

(三)影响因素多,质量波动大

餐饮质量是餐饮管理的中心环节,但由于影响餐饮质量的因素较多,餐饮质量控制难度较大。首先,大部分餐饮是以手工劳动为基础的。无论是菜点的制作,还是服务的提高,主要靠人的直观感觉来控制,这就极易受到人的主观因素的制约。员工的经验、心理状态、生理特征都会对餐饮质量产生影响。这与客房部的作业具有明显区别,要做到服务的标准化难度较大。其次,"众口难调",客人来自不同的地区,其生活习惯不同,口味要求各异。这就不可避免地会出现同样的菜点和服务,产生截然不同的结果。再次,依赖性强。饭店的餐饮质量是一个综合指标,餐饮质量的好坏不仅依赖市场的供应,而且还受到饭店各方面关系的制约。菜点的质量同原材料的质量直接有关,对协作配合的要求也非常严格。从采购供应到粗加工、切配、炉台、服务等,都要求环环紧扣,密切配合,稍有扯皮,就会产生次品。不仅如此,它还要求工程等其他部门的紧密配合。

(四)品牌忠诚低,专利保护难

在一般餐饮消费上,客人求新求异、求奇求特的消费心理使其在餐饮消费上不断追逐新产品、新口味、新服务。另外,饭店餐饮部很难为自己的装饰、服务方式等申请专利,因此,倘若某一产品或服务能吸引客人,则仿者甚多。这些都给餐饮管理带来了很大挑战性。

二、餐饮管理要点

(一)要提高文化品位

我国烹饪饮食文化是中华文明的产物,餐厅应努力丰富餐饮市场的文化内涵,提高文化品位,把菜文化、吃文化、筵席宴会文化、餐厅文化、服务文化、经营文化等贯穿于经营活动的全过程。可以采取"引进来,走出去"的办法,"引进来"即开办有关饮食文明、绿色餐饮、健康饮食之类的讲座,举办名人聚餐会、名人品尝会,举行酒店与宾客、市民互动的征集菜名、评选本店名菜等各项活动;"走出去"即利用恰当时间、适当机会参与社会各项美食推介促销活动和公益活动,增加文化的附加值,并通过不间断的宣传,借此推介自己的品牌,扩大社会影响力。

(二)要扩大经营范围

在营销上,可以通过参展、增加外卖、将特色和品牌菜投入规模生产等形式扩大经营范围。从当地消费实际出发,有目的地开发出一些适应大众消费的产品,利用自己的资源优势,增加服务项目,为消费者提供更多选择。要努力做好会议、婚宴和重要接待等"大文章"。婚宴、寿宴是星级酒店面向大众的最具代表性的经营方式,也是有别于社会餐馆的较有特色的一面。做好婚宴、寿宴服务,可以带来酒店餐饮销售的"人气",并从吸引"人气"到带来"财气"。

(三)要有特色看家菜

当前,消费人群在饮食方面出现分流:一是美食族,这一层面的人很懂得吃,他们走进饭店餐厅的目的就是品尝顶级美食或特色菜肴,讲究的是色、香、味、形、器。二是猎奇族,看吃的新鲜与否。餐厅倘若能保有自己独有的特色菜品,并经常推出新菜品,便可得到宾客的认可,既可适应宾客求新的欲望需求,也可让宾客成为义务广告员,吸引更多的消费者。

(四)要强化培训管理

质量是餐饮业发展的根本,因此要强化对厨师和管理人员的正规业务培训,尤其是职业道德、敬业精神的培养。要制定控制菜品标准,作为对厨师在生产制作菜品时的要求,也作为在检查控制菜品质量标准管理的依据。加强控制过程的有效现场管理,如加工过程的控制、配菜过程的控制、烹调过程的控制。还要对厨房制作流程、各部门工作质量、重点环节和部门采取有效的控制方法。要加强接待服务的培训,提高领班、主管的服务管理水平,重点是接待、点菜、沟通、协调、控制、调度、观察、反馈等一系列能力的提高。

(五)经营市场的布局

餐厅布局包括充分考虑厨房设备配置与厅面餐位桌位数的配比;厨房工艺(菜系、菜品特色)与厅面服务的配合;客用、货运、走菜、收离通道确定与布置;迎宾、收银、宾客休息区域,明档陈列品、客用与内部员工卫生间、多类库房等场所的布置;湿区、干区及其过渡区和备餐区的分布;餐厅摆台位置与各类灯光的配合;水产养生池和剖杀场地选择及污物处理系统的设置;各项防疫卫生设施、设备的配制和上水、下水、冷热水、蒸汽、动力电、照明电等的引入、引出及控制;等等。

(六)明确市场定位

餐厅的市场定位计划包括:考虑当地饮食习惯爱好;考虑菜品原料、配料菜肴、口味、刀法、制作方法、投料量、盛装容器、定价等;考虑就餐人员的就餐形式;考虑就餐环境的布置;考虑就餐人员的民风民俗、用餐习惯等。

(七)提高服务意识

随着餐饮业竞争的日趋激烈,服务已成为餐饮企业的主要竞争力之一,优质的服务水平也成为餐饮企业最重要的市场准入证,不仅要对顾客提供良好的服务,更要有强烈的服务意识。餐饮管理者要不断强化员工的服务意识,并使之成为餐饮企业独特的魅力。

第二节 住宿管理

会展旅游住宿服务是会展旅游过程管理的重要一环,因为它对会展旅游来说是不可或缺的。对于规模不是很大的会展活动,主办方可以安排在会议举办地点的酒店或与展览配套的酒店进行,这样参会/展代表就不需要往返于不同地点,住宿安排也相对简单。对于有大量住宿需求的会展活动,主办方应利用采购数量的优势,向酒店要求较低的折扣,这样有利于吸引更多自费且对价格敏感的参会/展人员。大型的会展活动参与人员众多,通常难以满足所有的住宿需求,主办方应将与会人员集中安排在会展举办地点附近的酒店,这样可以减小管理的难度。

一、住宿需求的调查统计

会展旅游住宿的安排要充分考虑到客户的住宿需求,在住宿之前首先要对需求情况做全面的统计,统计内容需涵盖以下几点:

(1)需要住宿的客人总数,包括需要住宿的家属。

(2)每位客人对住宿标准的要求,如标准间、单人间、双人间或者套间;或者其他特殊要求,如海景房、连通房等。对重要客人的需求要给予足够的重视,包括 VIP,如政府人士、新闻媒体、社会名流等;CIP (Commercially Important Person),主要指大公司、大企业的高级行政人员;SPATT (Special Attention Guests),主要指需要特别照顾的老、弱、病、残客人及孕妇等。

(3)具体住宿价格的承受范围。要留意酒店价格的变动,因为酒店的价格浮动较大,不仅仅与季节性因素有关,不少酒店为收益最大化,在一周甚至一天的不同时段可能采取不同的价格,同时折扣手段也较为多样化。主办方可利用酒店的折扣策略、常客计划等将采购成本降至最低。

(4)每位客人及家属的到达及退房时间,尤其注意提前到达或延迟离开的情况,不能只安排统一的到离时间。

(5)付费的方式。现金、信用卡或者其他。

二、选择住宿酒店的标准

酒店的选择关乎到会展旅游活动的成败,因此一定要慎重。高端的会展旅游活动,如奖励旅游,主办机构需派人考察酒店的管理水平和服务质量,以及相关的旅游线路、配套服务。

(一)酒店的等级与档次

选择酒店时应优先选择已经参加星级评定并获得较高星级的酒店(如四星级、五星级),但不能单纯依照这种方式,因为有些质量很好的酒店并没有参加星级评定活动。另外,划分酒店星级的标准体系在不同的国家会有所不同。尽管如此,选择酒店时,遇到"准四星""相当于四星级""本地区最好的酒店"这样的介绍时,要谨慎考虑。

小贴士

在我国,旅游住宿企业主要是指星级饭店、度假村酒店、涉外饭店、民宿、旅馆、招待所、青年旅馆、汽车旅馆、野营帐篷和家庭旅馆等各种档次和类型的经营接待旅客并为旅客提供住宿、饮食的场所。专供出租给公司办公的写字楼、公寓楼和一些机构所建的培训中心,也属于商业性质的旅游住宿设施。

1. 星级饭店

饭店星级评定遵循企业自愿申报的原则。凡在我国境内正式营业一年以上的旅游饭店,均可申请星级评定。经评定达到相应星级标准的饭店,由全国旅游饭店星级评定机构颁发相应的星级证书和标志牌。用星的数量和颜色表示旅游饭店的星级。旅游饭店星级分为五个级别,即一星级、二星级、三星级、四星级、五星级(含白金五星级)。最低为一星级,最高为五星级。星级越高,表示饭店的等级越高。星级标志由长城与五角星图案构成,星级以镀金五角星为符号,用一颗五角星表示一星级,两颗五角星表示二星级,三颗五角星表示三星级,四颗五角星表示四星级,五颗五角星表示五星级,五颗白金五角星表示白金五星级,星级标志的有效期为三年。饭店星级证书和标志牌由全国星评委统一制作、核发。标志牌工本费按照国家相关部门批准的标准收取。

饭店分等级可以使消费者了解饭店的设施、服务情况,以便有目的地选择适合自己要求的饭店。饭店等级的高低实际上反映了不同层次宾客的需要。一般情况下,对于相同规模同类型的饭店,客房平均房价是饭店等级高低的客观标志之一。

一星级饭店:设备简单,具有食宿基本功能,提供基本服务,综合服务项目少。

二星级饭店:设备一般,除具有基本食宿设施与基本服务功能外,有部分综合服务设施。

三星级饭店:设备舒适、齐全,装饰美观,有多种综合服务设施,管理水平、服务质量较高。

四星级饭店:设备豪华、完善,服务项目齐全,能提供较全面的服务,管理水平、服务水平高。

五星级饭店：设备十分豪华，食宿及各种综合服务项目完善，服务质量优秀，管理科学化、现代化，如北京中国大饭店、上海波特曼丽嘉酒店、广州花园酒店等。

2. 度假村酒店

随着休闲度假时代的来临，度假村酒店也迎来前所未有的发展契机。度假村酒店以一种独立的酒店业态，成为旅游产业发展创新的重要领域。在时代潮流不断演进、建筑规划理念不断深入的市场情形下，度假村酒店在规划设计、管理经营中不仅要考虑人文地理、民俗风情、生态环保等多方面因素，开发出浓郁而独到的主题化风格，更要深度挖掘文化内涵和意境，用个性化的优质服务，来实现人们感情的某种希冀与渴望，真正体现"度假村酒店"的价值。

度假村酒店不像城市酒店多位于城市中心位置，大多建在滨海、山野、林地、峡谷、乡村、湖泊、温泉等自然风景区附近，而且分布很广，辐射范围遍及全国各地，向旅游者们传达着不同区域、不同民族丰富多彩的地域文化、历史文化等。2008北京奥运会水上运动举办场所——国家奥林匹克水上公园附近即有多家度假村酒店。以其中较为典型的金宝花园酒店为例，其地处潮白河畔旅游开发区的黄金地段，与高尔夫球场、乡村赛马场、乔波滑雪场相邻。优越的地理位置是度假村酒店得天独厚的优势。

3. 涉外饭店

涉外饭店是指经各级工商管理部门、公安部门批准，可以接待外国人、华侨、港澳同胞、台湾同胞的所有宾馆、饭店、公寓、度假村等住宿设施。在一定条件下，涉外旅游饭店数的多少，大致可以反映一个国家或一个旅游城市接待能力的大小。

例如，哈尔滨友谊宫宾馆原名"中苏友谊宫"，始建于1954年，是一家涉外旅游宾馆，6万多平方米的古典园林式庭院与中西合璧的宫殿式建筑群完美结合。许多国家领导人、社会知名人士都曾在哈尔滨友谊宫下榻。此外，友谊宫餐饮有"哈埠菜的一面旗帜"的美誉，多道菜肴在全国获得金鼎奖、金奖，成为当地政务宴请和高档商务宴请的理想之所。

(二)住宿质量

酒店的房间数量是否充裕，尽量将参会/展人员安排在少数几个酒店里；是否具有各种类型的客房；客房设施是否完善；质量是否可靠；康乐服务及相关配套服务质量如何等。

(三)地理位置及交通条件

酒店地理位置是非常重要的。商业饭店之父斯塔特勒说过："第一是地点，第二是地点，第三还是地点。"以前因为道路的窄陋、通信的阻碍、交通工具的短缺，酒店的地理位置一般会选择在繁华市区或者著名景区，但会展旅游则需要结合具体的活动来选择。总体来说，需注意以下几点：

(1)要考虑其地理位置，是在商业区、政府所在地、大学城，还是在风景区、住宅区，根据周边的消费群来确定酒店的规模档次、功能布局、建筑格局及外形等。

(2)关于交通,酒店不一定非得选在城市中心区,只要通往酒店的道路通顺,不堵车,路广路多,这样的酒店也可以考虑;若酒店距汽车站、火车站或机场不远或交通很方便,这就更好了。

(3)停车要方便。现在私家车越来越多,来酒店消费的客人多半是开车来的,如果酒店没有足够的停车场所,客人以后就不愿来消费,所以高档酒店应在选址时考虑尽可能多的停车场面积,这也可成为吸引客人的一个亮点。

(四)设备齐全,质量可靠

对于会展旅游客人来说,酒店的一项基本功能就是提供一个好的休息环境,因此客房设备设施应能为客人高质量的睡眠提供保证。小到窗帘的选择、家具的设计、灯光的配置、冰箱的噪声大小,大到酒店服务理念、当地文化特色、客房档次、人体工学等,都要围绕这个进行。在考察酒店时,不仅要考虑这些细节,还要考虑客房是否考虑到客人的个性化需求。对于会展旅游来说,满足客人商务需要非常重要。所以除了客房要体现这点外,酒店还应具备标准完善的多功能会议室,以备客人举办新闻发布会、小型展览的需求。

小贴士

会议酒店宣传材料的制作

大多数会议酒店都准备有两种宣传手册:一种是标准的门市介绍手册,这是面向休闲市场的;另一种是会议宣传手册。与其他形式的广告一样,这些不同手册的侧重点不同:门市介绍手册通常宣传房间、餐厅和休闲娱乐设施;而会议宣传手册则提供有关活动空间、餐饮服务和会议服务等方面的详细资料。会议宣传手册通常应包括以下内容:

(1)酒店名称。

(2)酒店地址。如果可能的话,一张地区位置图标明饭店接近机场、主要公路和本地区旅游胜地。

(3)酒店的电话号码,联系人(会议服务经理、会议协调者)的姓名。

(4)酒店传真号码。

(5)展示空间的照片、图表或完整的描写(大小、比例图、地板承载量、天花板高度)。

(6)可用的视听设备。

(7)其他可用的会议服务(电话会议、传真设备、个人电脑、文员和登记注册帮助、商务中心)。

(8)特殊服务和设施(摄影服务、鲜花、娱乐)。

(9)宴会和饮料安排。

(10)主题晚会安排。

(11)客房信息(描述、楼层设计、房间区方位、预订、价格、到达/离开信息)。

(12)特殊手续(付账手续、运载和接待手续、签名和通知规定等)。

(13)娱乐和休闲(饭店游玩、配偶娱乐、本地区旅游胜地)。

(14)交通(停车设施、班车服务、旅游观光、出租车、公共交通)。

(15)其他信息(天气、服装、小费、可以利用的送餐服务等)。

(16)以往会议的证明。

(17)供会议策划人使用的一览表和策划指南。

三、住宿安排要求与原则

(一)制定住宿工作方案

了解酒店地点、规格、费用和房间分配原则。

(二)统计住宿人数

主要包括:参会/展代表,记者,参会/展人员的随行人员,会务工作人员。要注以下几点:

(1)住处相对集中,距离旅游地较近。

(2)规格适中,设施齐备,可满足商务客人的配套服务要求。

(3)突出个性,房间分配合情合理。

(三)排房原则

(1)严格按照公司合同及客人订房要求安排房间。

(2)所订房间种类若缺,只可升级,不可降级。升级必须经部门经理签字认可。

(3)根据客人的身份、地位等特点进行有针对性的排房。例如,VIP客人一般安排较好的或者豪华的客房,要求有极好的安全保卫、设备保养、环境等。

(4)同一团队客人尽可能安排在同一楼层、同一标准的房间,并且尽量是双人房,这有利于导游(领队、会务组人员)的联络及酒店管理。

(5)新婚夫妇应安排较安静的带大床的房间,房间布置最好喜庆,并注意有无送餐服务的要求。

(6)对老年、伤残人或行动不便者可安排在较低楼层近服务台或电梯口的房间,以方便服务员的照顾。

(7)家人或亲朋好友一起住店的客人一般安排在楼层侧翼的连通房或相邻房。

(8)特殊性原则,即要根据客人的生活习惯、民俗等排房。最好是将这些客人的房间拉开距离或分楼层安排。例如,日本避开"4、9",新加坡、马来西亚、泰国避开"4、13",欧美国家避开"13";注意查看客史档案中记载的客人的特殊喜好,如客人的"幸运数字"。

(9)在淡季,可封闭一些楼层,而集中使用几个楼层的房间,可从底层至高层往底层排房,以节约能耗、劳力,便于集中维护、保养一些客房。

综上所述,住宿业的发展与目的地的旅游业发展息息相关,目的地的游客数量将影响住宿设施的入住率、利润率、投资、就业和长期价格水平,相应地,住宿设施的空间布局、密度和服务质量,以及住宿设施与旅游业其他设施的供给平衡,直接影响目的地的旅游业发展和国际旅游竞争力。住宿业的规划需要结合目的地的旅游发展目标加以详细设计。

从宏观角度来看,一个地区旅游接待设施的总体规模和空间布局取决于以下因素:市场流量流向,当地人口及城市规模,以及旅游资源的分布。

从微观角度看来看,旅游接待设施的布局应该遵循以下原则:区位布局应方便旅游者的进入;客房及辅助设施兼顾国内外游客需要,做到高、中、低不同层次结构合理;尽可能利用当地已有的资源、基础设施及社会服务设施;与旅游区或城市的总体规划相协调,并与环境及景观特征协调,防止建筑污染。旅游饭店的规划设计应尽量为游客享受自然美创造条件,精心选择、利用自然环境,体现自然景观美学特征,并努力突出风土人文特色,实现自然美与人工美的交织,并通过建筑形式使旅游者感知旅游区的文化背景、历史传统、民族思想和人文风貌。

第三节 交通管理

旅游交通是指为旅游者由客源地到目的地的往返,以及在旅游目的地各处活动而提供的交通设施和服务的总和。

旅游交通管理是指管理者从旅游交通的主要特征和实际矛盾出发,遵守旅游交通总需求与总供给在总量和结构上要均衡协调的基本规律,运用管理科学及其他相关学科的理论和方法,对多种交通资源进行优化配置与有效整合,以形成基本适应旅游业发展需求的交通网络系统的过程。具体是指旅游交通行政主管部门和企业对旅游交通业发展和旅游交通运输经营所进行的统筹规划、指导、协调、组织、监督和服务等一系列综合性的活动。

对于大型会展活动来说,交通管理可考虑采取与交通运输公司结盟的形式,如指定某家航空公司或出租车公司作为"首选服务伙伴"。通过结盟形式,会展活动举办方可以拿到较低的价格,对于运输公司来说亦可获得稳定的客源,这是双赢的局面。会展举办方通过结盟方式,还可就某些服务细节要求运输公司进行定制化服务。例如,奖励旅游通常可在旅游包机时要求飞机上有企业或主办方的标志;与出租车公司合作可以要求提供优先叫车服务。

一、旅游交通的特性

旅游与交通的关系密不可分,交通为旅游的发展提供了必要的条件,旅游对交通的发展也起到了相当大的促进作用。现代旅游业的快速发展在很大程度上是依赖现代交通的结果。旅游交通在整个国民经济交通运输业中,既有其特殊性,又具有相对的独立性。

(一)层次性

旅游交通层次分明,从其送游客的空间尺度及游客的旅游过程来看,可以分为三个层次。

第一层次：外部交通，指从旅游客源地到目的地所依托的中心城市之间的交通方式和等级。其空间尺度跨国或跨省，交通方式主要有航空、铁路和高速公路。例如，外国人或外省人要去云南大理旅游所选择航空、铁路或高速公路的方式。

第二层次：涉及中小尺度的空间，指从旅游中心城市到旅游景点（区）之间的交通方式和等级。交通方式主要有铁路、公路和水路交通。例如，旅游者要从大理到南诏风情岛旅游，选择了水路，借助游轮这个旅游交通工具，从而实现了游览的目的。

第三层次：景区（点）的内部交通，主要有徒步或特种旅游交通，如索道、游船、畜力（骑马、骑骆驼）、滑竿等。例如，旅游者游览苍山既可以选择徒步，又可以选择乘坐索道的不同方式。而游览宾川鸡足山在某些路段旅游者可以选择骑马等。

（二）游览性

游览性是旅游交通区别于普通交通最明显的特征体现在以下三个方面：

(1) 在旅游交通线路的设计上，尽量使一次旅游能达尽量多的旅游景点。

(2) 在旅游交通设施上，提供安全、舒适的设施设备，以便游客在乘坐旅游交通工时观赏沿途风光，从而增加游客的满意度，增加旅游产品的附加值。

(3) 旅游交通工具的特色与新颖会对旅游者构成极大的吸引力。

（三）舒适性

旅游交通较一般的交通更注重提高人们乘坐的舒适性，特别体现在一些国际的旅游专列和巨型远洋邮船的豪华设施设备上。

（四）季节性

旅游活动受季节、天气及人们闲暇时间的影响，表现出很强的季节性，如淡旺季。旅游交通也反映了季节性，如节假日旅游交通的客源量会出现较大的波动。因此，采取季节差价是保持旅游交通客运量相对稳定的措施之一。

二、旅游交通的方式与特点

（一）铁路交通

铁路旅游交通是以铁道为交通线、旅客列车为交通工具的现代化交通运输方式。火车是近代旅游发端的主要运输工具。铁路交通的优势在于客源量大、费用低、速度快、安全舒适、准时，受季节、气候等自然条件的制约性小。劣势在于工程造价高、修筑工期长、受地区经济和地理条件限制、灵活性差。

旅游专列是近年来我国出现的一种新的大众化旅游方式。它有中长途，也有短途，具有"有流就开，无流停运"、灵活性高、比较方便、服务水平相对较高的特点。

经典案例

1. 中国"呼伦贝尔号"旅游列车——移动的景观酒店

继新疆之后,我国又一辆奢华"观景"旅游列车在 2022 年夏天正式开始运营了——开往森林草原的列车"呼伦贝尔号"。它不是一辆普通的列车,可以称之为国内旅游列车的天花板。列车旅行对经常宅家的都市人来说,再次以自然清新的体验点燃了人们的热情。

这辆列车票价近 3 万元,全五星式独立卫浴包间,70 寸以上全透明观景窗,来自星级主厨中俄蒙三国的风情美食……从东北到内蒙古,辽阔的呼伦贝尔草原、大兴安岭的原始森林、中国极北漠河的银河星辰、巍峨的火山、候鸟栖息的湿地……都将是人们窗边的流动画卷。

这辆列车是目前全国最豪华的一列观景火车。仅 22 间房,每间都是超大窗。造价近 1 亿,11 节车厢,6 节卧车,5 节功能配套车,每节卧车车厢仅 3~4 包间,全列仅 22 个包间,也就是说这辆火车仅能收 44 人。

其中,最小的黄金景观房也有 8.6 平方米,共 16 间。最大的紫金景观房高达 12.1 米,仅 4 间。中间 9.6 平方米的铂金景观房,仅 2 间。每间都有超大观景窗,从呼伦贝尔的日出,到漠河的星空,流动在人们的窗外。

"呼伦贝尔号"分为夏秋和冬季两个班期。夏秋班期往返哈尔滨和海拉尔,一路纵览草原、森林、火山、湖泊、湿地等自然景观,耗时 5 天 4 晚。到了冬季,将会推出 7 天 6 晚的中国极北之旅,走进大兴安岭原始森林,探访驯鹿部落。

此外,这辆列车最大的优势就是每个包间都有独立的卫浴,干净又卫生。而且,房间统一的大床标间,都没有上下铺,立体空间也突破了传统火车旅行的局限。

人们可以边欣赏窗外美景边享用米其林级别的美食,这趟列车之旅让人深刻感受通过铁道一路串联起 3 000 千米的国境至北风光。搭乘轻奢旅游列车呼伦贝尔号,捕捉沿途大美风光,从呼伦贝尔出发穿越大兴安岭,躺在独立包间里纵览草原、森林、湖泊、火山,随季节更迭,收获不同风景带来的幸福时刻。

2. 瑞士冰川列车——沉浸式体验童话雪国

苍茫白雪覆盖的阿尔卑斯山间,一条悠长的铁路延伸穿过冰川峡谷、湖泊森林、陡峭悬崖,最后越过欧洲大陆分水岭。这条铁轨上行驶着的便是享誉世界的瑞士冰川列车。

冰川列车悠然地行驶在阿尔卑斯壮丽多变的风景间,一路跨越 291 座桥梁、穿过 91 条隧道。近 8 个小时的行程中,乘客坐在玻璃延伸至车顶的全景观列车中,一边享用着美酒佳肴,一边欣赏着四季变换,可谓是一场别开生面的全方位感官盛宴。

整条线路丰富多变,穿过高达 2 033 米的上阿尔卑斯山口,驶过莱茵河峡谷,中间在田园诗意的阿尔卑斯村落稍微停留,最后穿行雪原,折返回号称"群山之王"的马特洪峰脚下。在浪漫的冰川列车中,奔驰在苍茫大地之上,体会难以言说的震撼之美。

3. 日本"雪月花号"列车——从大海驶向高原

这个列车跟其他普通的列车不一样。它是日本新潟推出的首辆以透明玻璃窗为主体的观光列车。"雪月花号"是一辆从高原驶向大海的豪华列车，列车仅在节假日运行，每天仅限两班。上午从高原（上越妙高站）开往大海（糸鱼川站），下午则从大海驶向高原。乘坐新干线只需15分钟的路程，"雪月花号"花了整整3个小时。

"雪月花号"由日本著名铁道设计师川西康之设计，以"all made in Niigata"为设计理念，打造了这辆由内部装潢到车厢餐点均为新潟出品的豪华列车。全车是由巨型玻璃构成的，这种玻璃具备防热性，并且还可以阻挡90%的紫外线。

全车分为两节，1号车厢延伸到天花板的超大玻璃窗，将动态巍峨的妙高山尽收眼底。在开往糸鱼川站的路上，一路上都是经典的春日美景：农田和渔村、盛开的樱花、深绿色的森林，还有蜿蜒的海岸。

这里人们不仅可以在座位上品尝到由酿造家本多孝先生专门为"雪月花号"列车酿造的葡萄酒，还可以去2号车厢的酒吧体验一下新潟酿造的清酒。窗外山脉、田野和海浪，美景几乎无间断。人们可以一边享用美食，一边欣赏沿途风景。

4. 新西兰TranzAlpine火车——全球最佳景观火车

新西兰南岛的高山火车之旅——TranzAlpine是新西兰最有名的火车之旅，多次入选全球最佳景观火车排行榜。

秋冬两季，一路穿越阿尔卑斯山脉，往返于基督城和格雷茅斯之间。全程223.8千米，共穿越19座隧道和4座高架桥，包括73米高的梯子高架桥；一天就在四季变换，晴雨风雪中缓缓交替着过去了。车上的景观车厢能远眺壮丽的山谷，因为在高海拔行驶，山头的美景也是一清二楚，无怪乎能屡屡入围各大榜单。

5. 阿根廷云端火车——带你云端漫步

这趟列车告诉人们什么叫"云端漫步"。铁路修建于1932年，是南美洲最令人期待的铁路旅程之一。每周历时16小时从萨尔塔市（海拔1 187米）出发，经过海拔4 221米的波沃里利亚高架，最终到达安第斯山脉的阿塔卡玛高原。

途中火车穿过一段接近云端的铁路，美景就在人们脚下；从莱尔马河谷的绿色山丘，到荒无人烟的辽阔的普纳高原，美景尽收眼底。而且为了完善设施和服务并且减轻游客高原反应带来的痛苦，云端火车在2006年的时候被关闭，整整进行了三年的修整，然后以焕然一新的面貌出现。

6. 爱尔兰Belmond Grand Hibernian火车——爱尔兰第一列豪华卧铺火车

Belmond Grand Hibernian是爱尔兰第一列豪华卧铺火车，于2016年8月30日在都柏林启动。这是一趟专门的旅行列车，整列车最多搭乘40人，多数旅客是提前一年预定，如果有空位也有提前一天订的。

车厢内部设计由James Park Associates主导，以爱尔兰的动植物为灵感，展现都柏林的佐治亚式建筑风格。室内装饰全部采用本土产品，如观景车厢的手工石台及羊毛混纺地毯分别出自都柏林及阿尔斯特省的公司。

虽然这列火车于 2016 秋季才出现,但它已经赢得了全欧洲最美丽的火车之旅之一的美誉。如果游客决定离开火车一段时间,可以享受诸如贝尔法斯特泰坦尼克号博物馆之旅和 Curraghmore 庄园下午茶等活动。

7. 德国哈尔茨列车——再现童话

冬季是乘坐哈尔茨山脉铁路的最佳时机,布罗肯峰是德国哈尔茨山的最高峰,也是德国北部的最高峰。它的峰顶从每年 9 月到次年 5 月覆盖着白雪,并且一年中有 300 天雾气环绕。这种迷幻场景让它与女巫和魔鬼联系在一起,经常出现在童话传说中。歌德就曾将这些故事引入自己的作品《浮士德》中,描绘女巫之夜的场景。

列车的全名叫作哈尔茨山传统窄轨蒸汽火车,是德国境内最长最窄的窄轨火车。铁道长达 132 千米,其中最受喜爱的便是韦尔尼格罗德到布罗肯峰这个路段,并且已经成为当地热门的旅游项目。

列车穿越市区后缓缓上山,像登山健将般载着游客一路穿越森林,顶着浓厚的白烟在皑皑白雪中穿行。最终,列车抵达哈尔茨山的最高峰——海拔 1 141 米的布罗肯峰,让人们在山顶 360°无死角地欣赏哈尔茨山的自然风光。

8. 中国云南丽江全景观光列车——移动的油画框

这列由国内自主研发的全球首列全景观光山地旅游列车,采用国内首创的动力铰接转向架,具备强大的山地超长大坡道牵引运行能力。

列车外观整体以蓝色为主。车厢内部采用丽江东巴文与纳西族艺术元素的装饰风格,满满的丽江风情。车的前窗采用了与车身完美融合的超大曲面设计,取义"天空之境",侧窗的玻璃则高达 1.9 米,侧顶板采用上弧结构,保证旅客观景的开阔视野。全景窗,采用电动可调的变色玻璃设计。可以根据日照强度调节侧窗颜色,也意味着只要坐在车里就能够感受穿越山海,观景体验一级棒!列车线路全长 20.465 千米,南起丽江游客中心站,北至玉龙雪山站,途经玉龙雪山、白沙古镇、东巴谷等多个旅游景区。

整个列车就好像一个移动的画框。一路上,可以欣赏到无数张世界级的油画。这辆全景列车沿途风景不输北欧。列车穿行在群山、草地间,通过明亮的窗户可以将外面的风景,全部收入眼中。

文章来源:《iWeekly 周末画报》,有删改

此外,近年来我国高铁旅游发展迅速,开通了越来越多的高铁旅游路线。例如,2009年年底开通的武广高铁让"高铁游"成为旅游的新亮点。为体验武广高铁的高科技魅力,不少游客选择在春节期间乘坐高铁到湖北、湖南等地旅游,带动了高铁沿线地区的旅游市场。"高铁游"这一便捷、时尚的旅游线路在春节期间获得大批游客青睐,极大地带动了武广沿线各大城市游客量增长,成为拉动国内旅游业务增长的"火车头"。

又如,驰骋飞越的高铁动车把广东、广西、贵州三省区的 13 个沿线城市串连成线,构成了粤桂黔"三小时城市旅游圈"格局,特别是有着"穿越喀斯特的超级铁路"称号的贵广

高铁、南广高铁,将渊源深厚、同属珠江流域文明的广东、广西和贵州三省紧密连接。2022年6月,由粤桂黔(广西段)高铁经济带旅游联盟轮值城市桂林市文化广电和旅游局牵头,携手柳州市文化广电和旅游局、贺州市文化广电和旅游局联合主办"乘高铁玩转桂柳贺——2022粤桂黔(广西段)高铁经济带旅游联盟推介会"在深圳、广州展开文化旅游宣传推介活动,旨在共推区域旅游资源、深化区域旅游合作,并发布了山水、民俗、红色旅游三条主题旅游线路,感受广西最美车窗风景线。

2021年,中共中央、国务院印发的《国家综合立体交通网规划纲要》提出,推进交通与旅游融合发展。充分发挥交通促进全域旅游发展的基础性作用,加快国家旅游风景道、旅游交通体系等规划建设,打造具有广泛影响力的自然风景线。

高铁作为交通工具为旅游发展带来的赋能价值,使得高铁旅游迎来了新的发展机遇。高铁的开通极大地缩短了时空距离,也为地方旅游业的复苏注入了新的活力。

(二)航空旅游交通

航空旅游交通是一种现代化的先进的运输方式,于20世纪迅速崛起和发展,在长距离国际、国内旅游中处于绝对垄断地位。与其他运输方式相比,其最大的特点是快捷、舒适、安全,并且具有一定的机动性。在当今时代,高速性具有无可替代的特殊价值。现代的喷气运输机时速一般在900千米左右,比火车快5~10倍,比海轮快20~25倍。航空运输不受地形地貌、山川河流的阻碍,只要有机场并有航路设施保证,即可开辟航线,如果用直升机运输,则机动性更大,可以到达其他运输方式不易到达的地方,是长途、远距离旅行的理想运输方式。航空运输尤其能满足现代旅游者惜时如金的心理需求。其缺点是载运能力小、能源消耗大、运输成本高。还因为空港占地大,机场远离市中心地区,航空交通必须与其他交通工具相互配合,才能完成旅游交通服务。我国航空旅游交通主要承担国与国之间和国内各大城市之间的旅客运送以及邮件、急件、贵重物品的运输任务。随着商务旅游、度假旅游的兴起,旅游包机也应运而生,这对民航提出了更高的要求,航空旅游交通正以其独特的优势越来越受到游客的青睐。

航空旅游交通的营销策略:

1. 实施各种优惠政策

航空公司应顺应大众旅游发展的趋势,不仅对旅行社的团体票打较低的折扣,还要在淡季时对散客采取较低的折扣价格策略,以尽量提高上座率和设施利用率。例如,特惠机票作为一种促销手段,可在淡季或者特殊时期吸引顾客。

随着我国航线的增多,外国航空公司在我国市场的拼抢将更加激烈,价格战将伴随全过程。为了争夺更多客源市场,航空公司推出了更多捆绑旅行社和酒店组合的打包产品。例如,美联航最先推出"加州探索之旅"活动,从2月起到3月底,双人购票每人只需6 000元就可完成北京—旧金山往返和两晚四星级酒店住宿,以及免费半天城市游的套餐服务。即使全价购买头等舱或商务舱机票也可得到一张北京、上海往返美国的免费经济舱机票。面对这样的情景,英航和同样是欧系航空公司的荷兰皇家航空公司也不甘寂寞,均纷纷推出了特惠机票。而我国航空公司也在春节黄金周结束后，对一些以旅游和探亲为主的航线推出特惠机票、优惠套票等，如深航在广州—西安—广州、广州—长沙—广州、广州—郑州—广州、广州—南宁—广州等4条航线上推出优惠套票，广州—西安—广州的去程低至4折，回程低至3折。

2. 加强与其他交通方式的配合、缩短飞行外交通时间

由于飞机具有噪声大的特点，所以飞机场都建设在离城市市区较远的地段，以减少对城市居民的噪声影响。但这样的布局导致乘客从住处到机场或从机场到住处需要花较长时间，再加上登机检查，甚至会超出空中飞行的时间，因此，机场的可进入性成了重要的竞争因素。而提高机场可进入性必须得到其他交通方式的配合，除了应注重通达机场的公路建设，还可以考虑其他交通方式，如轻轨、磁悬浮等。例如，上海已经开通了市内至浦东机场的磁悬浮列车，跑完全程只需要8分钟，大大缩短了飞行外的交通时间。

3. 改善机场总体服务

根据调查，旅客对机场不满意的服务项目主要包括：航班延误时服务、办理乘机手续的排队时间、机场购物、候机娱乐、机场引导标志、进出港交通等。其中，航班延误和信息沟通是导致服务满意率下降的主要原因。旅客候机服务、航空公司地面保障服务，尤其是航班不正常时的应急服务，是国内机场急需改善的地方。如今旅客在乘机时，不仅注重时间、效率，而且对餐饮、娱乐、购物等方面也有较高的要求。机场功能已不能仅停留在满足旅客乘机的需要上，应从最基本的实用层次上升到为旅客提供享受层面的服务。针对乘客候机时的生理和心理需要，加强机场的人性化设计，并在交通、标志、办理手续、信息沟通、餐饮、购物、娱乐等各服务项目和工作流程中强化针对性的措施，将有助于机场总体服务质量的提升。

4. 树立安全形象

出于种种原因，有些人对飞机飞行安全表示担忧，甚至在时间许可的情况下，宁愿选择坐火车而不坐飞机，造成了航空公司客源的流失。还有一些人消费能力很强且对价格不敏感，他们更关心的是航行安全与舒适，航空公司应该尽力留住这类客户，因为这部分客人将可能是公司利润的主要来源。所以一方面航空公司要加强安全检查和安全整顿工作，特别是要健全和完善包机安全保障措施；另一方面还要做好对外的安全宣传工作，如可利用公关等方式消除部分乘客的忧虑甚至是恐惧心理。

5. 推出特殊旅游航线

面对当今旅游业蓬勃发展的大好时机，航空公司应当针对一些新兴的旅游热点，开辟出新的旅游航线，以取得市场先机。例如，南方航空海南公司审时度势，开拓创新，早在2005年就在海口与石家庄之间开通了一条以红色旅游服务为特色的往返航线。南航海南公司在机上广播中增加了对河北革命老区的历史介绍和许多在老区广为流传、感人至深的革命故事，以使乘坐该航班的旅客能够了解更多革命历史。同时，该公司还与协作单位为乘客提供了地面红色旅游衔接服务，旅客一下飞机便可一路畅通地参观革命教育景

点,并可以根据需要安排革命史座谈、党性教育等专题活动。

6.旅游包机策略

旅游包机是一种不定期的航空包乘服务业务,是航线经营的一种新型运作模式。随着20世纪60年代以来大众旅游的兴起,旅游包机业务有了很大的发展。主要面向旅行社,为各家旅行社带来更大商机,为游客最大限度地降低出游成本。与定期航班相比,旅游包机业务最大的优势是票价低廉。航空公司一般不向公众宣传其包机业务,从而可以节省推销费用;包机运输只提供简单的服务项目,从而可以节约经营费用;再加上包机的载客率较高,因而有可能压低票价。

例如,2022年6月21日,湖南航空A67325航班满载166名湖南游客从长沙抵达宁夏中卫沙坡头机场,宁夏中卫市迎来了这一年全区首个跨省旅游包机团队。据悉,长沙—中卫旅游包机每周二、周四、周六执飞,机型为空客A320,持续执行至10月中旬。

(三)公路旅游交通

公路是旅游的一种重要的旅游交通工具,也是最常用的,因为大多数旅游者出行都选用汽车。在一些经济发达地区,汽车已成为个人或家庭拥有的普通交通工具,旅游者可完全按照自己的需求,自由选择出游时间和游览线路,这就形成了自驾游。

(四)水路旅游交通

水路旅游交通是利用自然和人工水域作为航线,以船舶作为主要交通工具载客的一种运输方式。用于旅游交通的船舶,按航行目的可分为游船、客船和客货船。游船就是专门运送旅游者、供旅游者欣赏沿途风光的船舶。水路旅游交通具有运载量大、票价低、耗能少、舒适等优点。从旅游角度看,水运是融旅与游于一体的运输方式。旅游者可在航行途中欣赏沿途风光,悠然自得,舒适安逸,回味无穷,是其他交通方式无法比拟的。但水路旅游交通也存在较大的局限性:速度慢,难以准点到达目的地,很难满足旅游者的需要;灵活性较差,受自然条件影响大,要求天气的能见度要高。

小贴士

世界杯带来中东旅游热 "移动宫殿"成住宿新选择

四年一度的世界杯在卡塔尔开幕,来自全球各地的球迷欢聚在多哈,庆祝这场盛大的体育盛宴,以"富裕"著称的主办国卡塔尔不负众望,为球迷们提供的豪华邮轮酒店受到全世界的关注。

卡塔尔是目前为止世界杯所有主办国里国土面积最小的一个,世界杯比赛期间将有接近100万球迷涌入卡塔尔,造成当地住宿紧张,酒店房价飙升。为解决这一问题,卡塔尔提倡在多哈以外城市住宿和多种另类住宿方式,除了集装箱、帐篷等简易方式,三艘邮轮成为最瞩目的住宿选择。

据悉,MSC地中海邮轮旗下的"欧罗巴号""歌剧号""诗歌号"三艘邮轮于11月19日至12月19日期间靠泊多哈,接待旅客和球迷们,总共将提供4 976间客舱,包括套房、海景房、内舱房和无障碍舱房等满足不同的住宿需求。

稀缺抢手的"房间"

在2022世界杯期间,卡塔尔世界杯组委会预计,世界杯期间将有超过120万外国球迷入境卡塔尔,他们的平均逗留时间为4—5天,而卡塔尔全国总人口也不过约300万人。

携程数据显示,11月20日至12月18日,卡塔尔的本地酒店预订量同比增长352%,酒店预订均价同比增长810%。卡塔尔全国的酒店房间只有3万间左右,而这些酒店房间中的80%,还已经早早就被各国球队、官员、赞助商等赛事人员所预订。

世界杯开赛前,网上的房间飙升至高达4 000多美元(约合2.8万元人民币)一晚,甚至有2.6万美元一晚的"元首套房",且最少要定30天。多哈市中心马奎斯JW万豪侯爵酒店行政特大床套房11月22日的价格为20 399美元,世界杯结束后,同一房型价格回落到2 798美元,世界杯期间上涨了7倍左右,这对普通球迷来说可谓天价。足球本是一项平民运动,为了足球,球迷们不远万里,奔赴卡塔尔,但过于高昂的酒店消费让这趟足球之旅显得有些奢华,让不少球迷望之却步。

为了增加住宿供应,卡塔尔利用了一切可以利用的资源,比如民宿、公寓等。在离多哈机场不远的区域,还修建起了6 000个类似集装箱样式的板房,也可以供球迷入住。房间内除了两张床,还有床头柜、小桌子、空调,以及带淋浴的卫生间。这里被称为"球迷村",设置有地铁站、公交车站、公共看球广场、临时餐厅、便利店等设施来保障球迷的交通和生活。同样的球迷村坐落在多哈各处,尽管这些临时搭建的小棚子条件差、噪声大,但成了球迷们最经济实惠的选择。

为了节省住宿开支,有些球迷只能无奈选择住在周边国家,然后乘坐航班前往卡塔尔观赛。不过这种方式也并不便宜,从迪拜前往多哈的世界杯套餐价值1 500美元,包括4晚住宿和1张往返多哈的机票,并不包括比赛门票。面对这样高昂的消费,不少球迷只能忍痛放弃卡塔尔之旅。选择了住在邻国的球迷仍有些遗憾,相较于卡塔尔,其他国家缺少沉浸式的世界杯氛围,让球迷的体验感有所下降。

三座"移动宫殿"

早在2019年,地中海邮轮公司已与卡塔尔签署协议,在2022年世界杯期间为卡塔尔提供"欧罗巴号"和"诗歌号"两艘邮轮,但这两艘邮轮的房间预订很快便爆满。今年10月,世界杯开幕前夕卡塔尔政府再向瑞士地中海邮轮公司租用一艘拥有1 075个房间、可容纳7 000人的"歌剧号"邮轮。

停靠在多哈港的三艘邮轮犹如三座移动宫殿,除了提供基本的住宿服务外,三艘邮轮配备娱乐设施、餐厅、酒吧等,让游客可以领略海滨风光,尽情享受SPA、购物、缤纷娱乐、甲板泳池以及环球美食,丰富精彩度假生活。

据悉,停靠在多哈港的"歌剧号"邮轮配置了7个游泳池、13个按摩浴池以及1个豪华游艇俱乐部,如名字所称,邮轮上甚至有一间剧院,供世界各地球迷在观看比赛之余休闲娱乐。"诗歌号"的特色在于家庭娱乐项目,邮轮上设置了儿童游乐室、迷你泳池和游戏机等,亲子出游的旅客可以在此获得令人满意的服务。同样拥有剧院的还有"欧罗巴号",无偿全新的原创大秀将在邮轮上的舞台上演,为旅客们带来一场视听盛宴。"欧罗巴号"是MSC地中海邮轮开拓性的"世界"级邮轮的首发成员,目前正处于它的处女航季,"欧罗巴号"拥有33间风格各异的餐厅和酒吧,其中包括6间特色餐厅及7间全新的酒吧和咖啡厅,此外,还会有米其林级大厨在船上开设主厨花园餐厅,主厨花园餐厅将拥有海上首个水培菜园,开放性的厨房设计和全海景环境能够为游客们营造崭新的沉浸式用餐体验。

据该MSC地中海邮轮公司网站显示,在世界杯小组赛期间,小组赛阶段,每人每晚的起售价为470美元(约合3300元人民币),最少需要租住两晚,到最后一周,这个价格会下降超过50%,变为220美元。相比最便宜的84美元一晚的球迷公寓单人间来说,邮轮住宿价格不菲,加上相关的服务费和升级消费,则更加昂贵,但对于期待了四年的游客们,甲板游泳池、海景按摩鱼缸、精酿啤酒吧、奢侈品牌店仍然吸引着他们,去尽情享受这难得的奢华体验,据《太阳报》消息,英国队的"太太团"就选择了"欧罗巴号"作为下榻的酒店。

"无啤酒,不足球。"在邮轮上入住,球迷们还能巧妙地避开卡塔尔为世界杯专门出台的"禁酒令"。因为邮轮是离岸的,并不受到禁酒令限制,在主队球队获胜后,庆祝的球迷们可以在邮轮的各处酒吧畅饮,享受来之不易的狂欢。

中东旅游业发展迎来新机遇

足球盛宴开幕的同时,巨量旅客涌入卡塔尔,为当地带来了可观的游客资源。尽管能源型产业占主导,卡塔尔一直在致力于发展旅游业,着力实现经济结构多元化。随着世界杯的开展,卡塔尔基础设施建设的速度加快,地铁、体育馆等完成修建。

作为历史上第一个举办世界杯的阿拉伯国家,卡塔尔让人们有机会关注到这个异域风情浓郁的中东世界,为区域旅游发展注入了一股强劲的新力量,波斯湾地区航班预订量相比2019年同期增长了16%。近几年,多哈和迪拜旅游竞争日益激烈。阿联酋、沙特阿拉伯等邻国先后推出签证免费等利好政策,尽最大努力吸引观赛后仍有出游意向的球迷。

邮轮旅行一直是中东地区旅游的重要方式,阿拉伯海与波斯湾航线是世界著名邮轮航线。精品豪华邮轮一直是游客们享受一站式服务的最佳选择,"邮轮就是目的地"的Slogan(口号)风靡一时,人们在享受邮轮各项基础设施服务的同时对美食、美酒的需求愈发旺盛,各大邮轮公司相继推出主题餐厅和酒吧。此次三艘豪华邮轮在世界杯的惊喜亮相,无疑是对邮轮旅游最大的宣传,同时开拓了邮轮使用的多样性。

12月20日,世界杯落幕后,"欧罗巴号"将从多哈港启程,前往它的新母港迪拜,开启为期四晚的特别航次,这也是"欧罗巴号"的首航。从迪拜港出发,"欧罗巴号"将从这里开启7晚航线,造访邻近的现代化都市阿布扎比及萨巴尼亚岛,游客将有专属机会去探寻奇异的野生动植物,或是在洁白无瑕的沙滩上漫步,沐浴暖阳。在随后停靠沙特阿拉伯的达曼港口,游客们将有机会前往世界文化遗产艾赫萨绿洲。

傍晚时分欣赏一场瑰丽的海上日落,在伊斯兰艺术博物馆体会建筑与光影的艺术,走过阿拉伯集市的街头,吹过波斯湾的海风,来到卡塔尔,除了世界杯的狂欢,还有更多神秘而美丽的事物等待着人们的探索。

文章来源:《21世纪经济报道》2022年11月22日,有删改

(五)特种旅游交通

特种旅游交通包括索道、缆车、游船、轿子、滑竿、马、牦牛、骆驼、竹筏、电瓶车等交通方式,多用于风景区内,具有浓郁的地方特色。其优点是便于游客通过一些难行路段,有些还带有娱乐、参与、观赏性质,在风景区内的交通占有一定地位,可以招来游客,提高旅游价值。例如,在游览云南大理的旅游景点中,苍山运用了索道、缆车;宾川鸡足山利用马;大理古城和崇圣寺三塔都利用电瓶车的方式实现了游览的目的。

此外,一些特种旅游交通丰富了旅游活动的内容,如乘坐游轮游历长江三峡、骑骆驼穿越沙漠、乘坐竹筏沿江漂流、乘坐缆车俯瞰美景等,都会给旅游者带来无穷的乐趣。

三、会展旅游的交通安排与管理

首先,会展方是否提供接机服务。组织方可以为旅游者提供从机场到酒店的往返接送。小型会展可以用能容纳50名乘客的大巴往返接送。根据旅游者身份的不同,在接机车辆上要有所区别。在决定提供往返接送服务之前必须经过仔细思考,因为对于会展方来说,这笔费用很大。

其次,会展方提前全面评估地面交通情况。组织方应该评价会展场馆到酒店这一区域的全面交通情况。通过实际体验来检查所提供交通服务的可信赖性,尽可能多地使用当地交通设施(城市交通线、出租车、电车、地铁等)。需要注意的是,鼓励使用当地的交通设施需要会展方提前准备相关资料,如城市交通路线图等。

再次,决定是否提供酒店到会展活动场所的专有交通工具。作为专业的会展组织者,决定是否提供专有交通工具要综合考虑三点:从会展到酒店来回步行的安全性,步行所需时间,以及一般的天气情况。

如果大部分酒店离会展地点只需5~10分钟,道路治安及道路设施均良好,并且气候适宜,应该鼓励步行。短途的步行对于旅游者来说一般不是什么难事。实际上,很多人喜欢这种简单的运动。会展方可以考虑制订一个步行计划,提供一些步行参考地图,标示出沿路的标志性建筑或景点。此外,辅助性地提供一些小型往返交通工具,帮助残疾人或其他不方便走路的旅游者。

如果通过实地考察,认为需要专用的区间交通服务,会展方就必须决定需要什么样的服务水平和由谁来付费。很多会展提供往来的区间班车作为一种免费服务,这个成本可以计入注册登记费或会展费中,也可以通过赞助协议让赞助公司承担。如果住宿的酒店有好几个,应该考虑提前安排往返班车服务时间表。时间表不但要印在所有的推广资料

上,还要在会展场地和酒店树立醒目的告示牌。

最后,会展方是否安排可供选择的其他路线。会展方要确保交通计划已考虑到突发事件和其他可能破坏交通计划的情况,保证计划中已经安排了可供选择的其他路线。这些路线可以方便高效地代替原路线,不会对会展旅游者造成麻烦。

第四节 娱乐管理

一、娱乐服务要求

(一)保障游客的人身财产安全

导游人员、工作人员需履行安全职责,树立安全服务意识,维护企业和旅游者人身及财产安全,在白天的旅游活动中,也有一些参与性的娱乐活动,而大部分娱乐活动都是在晚间进行的,所以,安排好晚间娱乐活动是非常重要的。晚间娱乐活动要有一个"度",这个"度"便是不要影响第二天的"游",以轻快为主,不要过分劳累。因为"游"是人们出外旅游的核心。同时,导游应熟知所带团队人员情况与接待计划,履行告知、警示义务,对可能发生的旅游安全事故采取相应的安全防范措施,旅游活动中发生安全事故时,及时处置并立即报告旅行社及当地相关部门。

(二)做好各项娱乐项目的配套服务

在进行各项娱乐项目时,最重要的配套服务就是项目选择与交通问题。若进行计划内的娱乐项目时,应提前与娱乐项目场所进行沟通联系,确定档期与位置,往返时,导游人员要与司机保持联络,保证游客的接送;若进行计划外的娱乐活动时,游客提出自费观看文娱演出或参加某项娱乐活动,导游人员一般应予以协助,帮助购买门票、安排车辆等,一般不必陪同前往;如果游客要去大型或情况复杂的娱乐场所,导游人员应提醒游客注意安全,必要时可陪同前往。

(三)培养服务人员的服务意识

导游等服务人员应树立服务意识,对于计划内安排的文娱活动节目,地陪应陪同前往,并向旅游者简单介绍节目内容和特点;到达演出场所后,地陪要引领旅游者入座,并介绍有关演出设施与位置,解答旅游者的问题;在演出过程中,对入境旅游者,地陪要做好剧情介绍和必要的翻译工作;演出结束后,要提醒旅游者不要遗留物品并带领旅游者依次退场;在大型娱乐场所,地陪要提醒旅游者不要走散,随时注意旅游者的动向与周围的环境,了解出口位置,以便发生意外情况时能及时带领旅游者撤离。

二、景区娱乐类型

(一)小型常规娱乐

小型常规娱乐是指旅游景区长期提供的娱乐设施及活动,使用员工较少,规模较小,游客每次得到的娱乐时间也不长,主要存在于游乐园和主题公园内。

1. 表演演示型

表演演示主要是旅游景区根据当地的艺术特色、民俗风情、动植物资源等组织的各种活动。其目的是向游客展示当地的旅游特色,宣传景区的旅游文化,并让游客体会到原汁原味的民族风情。

2. 游戏游艺型

游戏游艺类是旅游景区为了营造热闹氛围而定期举行的一些街头舞蹈、秧歌舞及其他一些民族舞蹈等活动。

3. 体育健身型

体育健身类旅游娱乐项目主要借助景区或娱乐场的设施设备给旅游者带来身体和精神的愉悦,具有极强的参与性、刺激性。快节奏的工作和生活使得人们处于高速紧张的状态下,人们希望将单调的日常锻炼变成富有乐趣的轻松的活动,让健身锻炼变成"玩",在快乐的气氛中获得身心健康的良好效果。主要的机器设备有摩天轮、过山车、赛车等。另外,游泳、溜冰、保龄球、高尔夫球、网球、台球、羽毛球等项目也属于体育健身类旅游娱乐。

4. 疗养保健类

人们在享受旅游带来的轻松愉快的同时,同样希望能加强自己的身心健康。疗养保健类旅游娱乐符合现代人的消费方式,适合旅游者的需求,主要有温泉疗养、氧吧、森林疗养等。近年来,疗养保健类旅游娱乐项目发展迅速,逐步成为大众型旅游娱乐项目。

(二)大型主题娱乐

大型主题娱乐是景区经过精心筹划设计、动用大量员工和设备推出的大型娱乐活动,是景区小型娱乐基础上的点睛之作,一般在推出前进行较高频率的广告宣传,用心设计特定氛围、掀起游客接待量新高潮,如歌舞"欧洲之夜"与"印象·刘三姐"即属此类,按娱乐服务经营场所可以分为三种类型,即豪华舞台型、荟萃队列型、分散场所型,各有特色。

1. 豪华舞台型

景区娱乐服务以深圳"世界之窗"每晚在"世界广场"推出的大型晚会为代表,一般采用最先进的舞台灯光技术,采用氢气球、秋千、声控模型、鸽子等占据多维空间,并施放焰火、礼炮配合舞台演出。在舞台表演中,服饰强调彩衣华服、夸张怪诞,节目强调时代感与快节奏,集杂技、小品、歌舞、哑剧、服饰表演、游戏娱乐于一台,淡化艺术属性中的教育性、审美性和知识性,极其强调娱乐性,以新、奇、乐取悦观众。自1998年深圳"世界之窗"推出的大型音乐舞蹈史诗《创世纪》以来,豪华舞台型景区娱乐服务以精彩纷呈、波澜壮阔的"旅游演艺"项目为载体创新了景区娱乐服务的经营方式。随后,旅游演艺市场的"火"越烧越旺,如杭州宋城的大型歌舞《宋城千古情》、横店影视城的大型歌舞《梦幻太极》、西安大唐芙蓉园大型歌舞《梦回大唐》等。

经典案例

宋城千古情

《宋城千古情》在2009年获得国家五个一工程奖、舞蹈最高奖荷花奖。该剧以杭州的历史典故、神话传说为基点,融合世界歌舞、杂技艺术于一体,运用了现代高科技手段营造如梦似幻的意境,给人以强烈的视觉震撼。大型歌舞《宋城千古情》推出至今累计演出11 000余场,接待观众2 500万人次,每年300万游客争相观看;是目前世界上年演出场次最多和观众接待量最大的剧场演出,被海外媒体誉为与拉斯维加斯"O"秀、法国"红磨坊"比肩的"世界三大名秀"之一。

大型歌舞《宋城千古情》是杭州宋城景区的灵魂,用先进的声、光、电科技手段和舞台机械,以出其不意的呈现方式将良渚古人的艰辛、宋皇宫的辉煌、岳家军的惨烈、梁祝和白蛇许仙的千古绝唱表现得淋漓尽致,带给观众视觉体验和心灵震撼。

文章来源:百度百科

2.荟萃队列型

荟萃队列型以迪士尼乐园的"大巡游"为代表,是一种行进式队列舞蹈、服饰、彩车、人物表演,一般与节庆相结合,在广场或景区内街道进行,有的以民族民俗为主题,有的以传统神话为主题,有的以童话传说为主题,音响热烈,喧闹喜庆,服饰夸张怪诞,娱乐性强。开封清明文化节的游行队列汇集了"皇家马队""包公巡按"、高跷、秧歌、旱船、威风盘鼓、宫廷美女等宫廷与民间文化游戏和游艺。深圳"世界之窗"的大游行则汇集了皇家马队、扑克方阵、典礼仪仗、文化彩车等异国文化风情。

3.分散场所型

分散场所型是以一定的节庆会展为契机,围绕一定主题,在景区多处同时推出众多型表演型或参与型娱乐活动,从而共同形成一个大型主题娱乐活动,如中国民俗文化村1996年春节推出的以学跳民族舞为主题的迎新春系列活动、深圳"世界之窗"在8万平方米的欧风街范围内于"欧洲之夜"期间同时推出的诸多活动等。

经典案例

中国·哈尔滨国际冰雪节

中国·哈尔滨国际冰雪节是我国历史上第一个以冰雪活动为内容的国际性节日,持续一个月。它与日本札幌雪节、加拿大魁北克冬季狂欢节和挪威滑雪节并称世界四大冰雪节。哈尔滨国际冰雪节自创办发展至今已是融文化、体育、旅游、经贸、科技等多领域活动为一体的黄金节日。节日的开始时间是每年1月5日,根据天气状况和活动安排,持续时间一个月左右。冰雪节正式创立于1985年1月5日,是在哈尔滨市每年冬季举行的传统的冰灯游园会的基础上创办的。第39届中国·哈尔滨国际冰雪节于2023年1月5日举办,其间,开幕仪式、专场文艺演出、冰雪巡礼、2023中国冰雪旅游发展论坛,为国内外游客提供一场形式新颖、内涵丰富、规模盛大的冰雪文化旅游盛会。以"冰雪六十年，共赴新征程"为主题，以"冰雪历史、冰雪旅游、冰雪文化、冰雪艺术、冰雪体育、冰雪经贸、冰雪时尚、冰雪创意设计"八大板块活动为主线，打造100余项重点活动，涵盖观览、体验、文博、民俗、体育、会展、商贸、度假、研学、极限挑战等各类冰雪产品。

冰雪节内容丰富，形式多样。例如，在松花江上修建的冰雪迪士尼乐园——哈尔滨冰雪大世界，斯大林公园展出的大型冰雕，在太阳岛举办的雪雕游园会，在兆麟公园举办的规模盛大的冰灯游园会等皆为冰雪节内容。冰雪节期间举办冬泳比赛、冰球赛、雪地足球赛、高山滑雪邀请赛、冰雕比赛、国际冰雕比赛、冰上速滑赛、冰雪节诗会、冰雪摄影展、图书展、冰雪电影艺术节、冰上婚礼等。哈尔滨国际冰雪节已成为向国内外展示哈尔滨社会经济发展水平和人民精神面貌的重要窗口。

文章来源：百度百科

三、会展旅游的娱乐管理

会展旅游娱乐管理是指会展旅游组织方提供表演、晚会等娱乐活动，在安排娱乐活动时一般要考虑以下问题：

（1）是否安排娱乐节目。

在安排娱乐节目时，必须仔细考虑这些活动与会展目的及主办方形象的联系。没有经过周密计划的娱乐节目会显得过于轻率，而且会被视为对主办方资源的一种浪费。当然，娱乐节目也可以被视为对会展旅游参加者的一种额外福利。营利性会展旅游可以利用娱乐节目吸引参加者，而非营利性会展旅游是否安排娱乐节目则必须从活动目的、主办者和资金等方面综合考虑。

（2）预算是否包含娱乐节目经费。

娱乐节目的成本应该包括在会展旅游的预算之中。随着协商的进展，最初的预算可能需要进行一些调整。如果成本低于原来的预算当然不会造成什么问题，但是，如果协商进展表明需要比原来预算更多的资金，会展旅游组织方应尽快对预算做出调整。预算中不仅要包括演员的报酬，还应有补助、预演等与娱乐节目相关的其他费用。

（3）应该安排什么类型的娱乐节目。

娱乐节目应该与会展及会展旅游主题密切相关，如果这种关系需要解释才能让人明白，就说明所安排的节目并不是最佳选择。娱乐节目要选择最适合参会/参展人员口味的内容。

（4）是否将娱乐节目的组织工作外包给专业演出公司。

几乎所有的优秀演员都是专业演出公司代理的。与专业演出公司合作可能需要较高的成本，但是，如果自己组织，成本往往更高，手续更加烦琐。所以，考虑将娱乐节目的组织工作外包给专业演出公司，可以在保证演出质量的同时，节省会展旅游组织方很多人力、物力乃至财力。

(5) 应该选择怎样的专业演出公司。

选择信誉好、水平高的演出公司是娱乐节目成功的关键。在与几个专业演出公司洽谈时,应该重点了解它们是否拥有举办演出活动的权限,是否获得了政府和文化部门的许可,它们代理的演员表演过什么样的节目,他们获得了怎样的演出评价等。

(6) 是否应该就娱乐节目安排签订正式协议。

与演员或演出公司签订正式的演出协议很重要。协议不仅可以为将来可能发生的纠纷提供递交法庭的证据,而且也有助于将组织方与演员或演出公司就演出日期、旅费、补贴、报酬、人员成本、设备成本及取消预订等事项的协商结果落实到文书中。

(7) 娱乐活动举办地有哪些可以利用的娱乐设施。

演出的舞台可能是一个简单的高台,也可能是一个设备齐全的剧院,有帘幕、通道及复杂的灯光系统、音响设备。会展旅游组织者应该了解娱乐活动举办地的设施设备,若需要提供一些道具或乐器,组织方应事先准备片进行调试。

(8) 预订的娱乐节目不能演出作何处理。

不论是由于自然灾害还是档期重叠,预订的节目不能演出,带来的最大影响就是令会展旅游者希望落空。组织方应尽量准备一套应急方案,具体情形可根据会展旅游者对演出的关注程度和可能补救的机会而定。

第五节 购物管理

旅游购物行为一般都是旅游者的个人行为,会展旅游组织者不便统一做出安排。但是,为满足旅游中不可缺少的一个环节,会展旅游组织者应在会展旅游过程中通过各种媒介向游客提供各种购物信息或购物指南,特别是提供具有地方特色的旅游商品信息。

一、旅游商品的类型

(一)旅游纪念品

旅游纪念品顾名思义,即游客在旅游过程中购买的精巧便携、富有地域特色和民族特色的工艺品礼品,并让人铭记于心的纪念品。有人比喻旅游纪念品是一个城市的名片,这张名片有极高的收藏与鉴赏价值。

(二)旅游用品

旅游用品主要是指旅游者出去旅游时所需的商品,是出门旅游必备的物品,如旅游专用鞋、服装、照相器材、手电筒、各种应急品等。现在流行一种"裸游",虽然旅行氛围更加自由,但风险大,尤其是对于新手或是初次去旅游的人,建议带足旅游用品。更要注意旅游地的环境卫生和当地的风俗习惯。

(三)免税商品

免税商品是按照国家法律规定,可以免交相关税费的货物。通常可在机场的免税店及优待外国观光客在购买消费品时可免税的国家和地区,购买到免税商品。

案例分析

新政实施两年三亚离岛免税销售额达 666 亿元

离岛免税新政落地两年来,海南离岛免税市场蓬勃发展,吸引消费回流作用明显,在全球消费市场低迷的情况下,带动三亚乃至全国免税消费市场持续增长,成为海南打造国际旅游消费中心的"王牌产品"。据三亚海关统计,离岛免税新政实施两年来,三亚离岛免税销售金额 666 亿元,同比增长 248%,销售件数 1.2 亿件,同比增长 383%,购物旅客人数超 730 万人次,同比增长 96%。其中购物金额占全省约七成。

"这次购物我选择直接邮寄到家,相比过去机场排队提货方便太多了。"7 月 1 日,正在三亚国际免税城购物的陈女士说。"离岛旅客邮寄送达""岛内居民返岛提取"提货方式是服务离岛免税新政落地的重要举措之一,便利化的提货模式大幅提升了旅客的购物体验。

为进一步扩大政策效应,三亚海关不断优化监管模式和监管流程,在不增加人力成本的前提下提货效率更加高效。同时聚焦"人证验核""支付信息验证"等关键环节,有效降低离岛免税"套代购"走私风险,截至 2022 年 6 月,三亚离岛免税企业共完成离岛旅客邮寄送达免税品金额约 54 亿元,完成岛内居民离岛寄存、返岛提取免税品金额约 3.4 亿元。

"海关改革监管模式后,进口免税品从运抵入库到上架销售只需半天时间。"中免集团三亚市内免税店有限公司物流总监说。为确保离岛免税热销品能第一时间上架销售,三亚海关全面落实促进外贸保稳提质系列措施,聚焦智慧监管,依托监管系统、视频监控等智能化技术手段,提出了智能审单、诚信监管、无纸化作业等改革措施,单证审核效率和企业作业效能分别提升 5 倍和 1 倍。同时,支持辖区 2 家离岛免税店新增监管仓库启用。

文章来源:《三亚日报》2022 年 7 月 3 日

二、景区购物管理的策略

(一)重视旅游商品的设计与开发

根据游客购物行为的相关分析,游客认为旅游商品特色不突出,旅游商品的文化含量有待提高。在旅游商品的研发过程中,要突出文化特色,研发有特色的旅游商品,形成品牌,促进文化消费带动旅游等相关产业发展。

从旅游商品的研发角度看,旅游景区的旅游商品应该努力围绕本地资源和景区的文化,开发出具有景区特色、富有文化底蕴的旅游商品。要使文化资产转化成文化旅游商品,需要把资产转变成可供旅游者消费的某种东西,这个东西通常是通过对资产进行某种程度的修改,进而商品化来实现,这样能使抽象的体验变得具体化。旅游商品的开发者应该深入理解需要注入的文化元素,把文化元素以合适的物质形态进行转化,成为游客需要的旅游商品。景区在商品研发时,除了当地的文化内涵,旅游商品要同时具有市场吸引力和生存能力。景区要积极培养设计人员,努力发现设计人才、开发旅游商品、提高设计水平、培养商品特色。

从深度的文化内涵角度看,游客希望在获得娱乐的同时还能得到教育,景区应对文化进行深度挖掘,强调景区文化,强化积极的品牌联想。

(二)制定合理的价格

景区应根据游客购物的需要,制定商品价格,不同价格区间商品数量结构趋于合理。根据游客购物行为调查,大部分游客购买旅游商品愿意支付的价格在100元之下,高档商品看得多、买得少。旅游购物支出占旅游支出的5%左右,单次支出控制在50~300元,在此区间的物品占比、种类选择要多。旅游商品的价格是商品价值与使用价值的体现,价格的浮动在一定程度上也会影响供需,商品的价格是否合理,与游客的接受价位是否匹配,也是旅游购物需要注意的关键因素。景区旅游商品的价格机制受其成本、流通、竞争等多重利益分配者的影响,应该不断完善价格机制,形成完整产业链,实现利润最大化。制定合理的价格机制,满足旅游者的购物欲望,考虑旅游者的价格承受能力,在一定程度上价格的下调会刺激游客的购物行为。

(三)营造舒适的购物环境

旅游购物不仅仅是单纯的买东西,还包括对应的场所、设施、环境、服务等。购物环境的良好程度对旅游购物行为有很大的影响。景区应进一步完善购物商店的相应指示牌,规范商品的摆放,明确商品价签与商品摆放一致。通过改善购物环境,促进旅游者的消费行为。

(四)提高购物服务的水平

在旅游商品的销售过程中,销售人员的服务态度和服务水平也影响旅游商品的销售收入。对于游客来说,除了商品品质和接待设施外,销售人员的服务态度和技巧等服务人员的素质也很重要,所以要提高游客购买率,发展旅游购物促进景区收入增长,首先要提高销售人员的素质和服务水平。这就需要景区建立完善的服务机制,提升员工的综合素质,定期对销售人员进行培训,包括售前服务和售后服务。售前服务的培训主要是指游客在选购商品的过程中,销售人员要有良好的服务意识,能够对游客进行合理的引导和疏通,对购物场所有较强的把控能力,给游客更好的购物体验。在此基础上完备旅游商品的知识,了解商品的材质、性能、产地、文化内涵、表现形式、使用方法等,在了解游客需求的基础上提供参考建议,使游客能够买到合适的商品。同时,培训员工的销售技巧,观察游客的能力,及时解决游客的疑惑和购物中存在的问题。让销售人员积极推广除了景区店铺之外的多重销售渠道,对游客二次购买和选择提供更多的机会。售后水平的提升,需要景区建立完善的售后机制和配备专业的售后服务人员,旅游购物的行为发生在异地,景区要给游客提供便携、快递的服务,同时,不能因为异地而影响游客的合法权益。在游客购买旅游商品之后,应该将完整的售后服务流程告知游客,在商品出现问题或者游客又不了解的情况下,有专门的人员为其提供服务。

(五)选择多样化的营销形式

景区应明确自身选择提供什么产品,不提供什么产品;锁定什么目标市场,不锁定什么目标市场;与哪些竞争者竞争,不与哪些竞争者竞争。景区需要根据不同阶段的发展水平,制定不同的营销策略促进旅游购物的发展,可以采用活动营销、网络营销、定制营销等。

第六节 导游管理

一、会展旅游导游管理的内容

会展旅游导游管理的内容包括导游人员管理和导游服务质量管理。所谓导游人员管理,是指为保证导游人员工作规范和服务质量,提高工作能力和工作投入程度而制定的一系列规定。它包括两方面内容:一是加强导游人员的业务培训;二是激励导游人员的工作积极性。所谓导游服务质量,是指导游人员提供的服务所能达到的规定性程序,在使用价值上能满足旅游者的需求程度。导游人员提供的导游服务能满足游客的程度越高,其服务质量也就越高。

二、会展旅游导游管理的模式

会展旅游导游管理一般有旅行社管理、导游公司管理和导游协会管理三种模式。

(一)旅行社管理

旅行社管理模式是我国对导游人员进行管理的传统方式,其主要特点是导游人员完全归属于某旅行社,是旅行社的正式员工。

(二)导游公司管理

导游服务公司是一个中介服务机构,负责旅行社兼职导游人员的日常管理业务、培训及考核,向旅行社出租导游人员并收取中介服务费。

(三)导游协会管理

在国际上,导游人员是社会化的自由职业者,并非为哪一家旅行社所有,这些自由职业者就是通过行业协会进行管理的。在我国,导游职业社会化已成为一种趋势,这就需要一个强有力的行业性管理机构对全社会的导游人员进行统一管理。以导游协会取代导游公司对导游人员的管理,这是另外一种模式。

三、会展旅游导游管理的策略

(一)做好导游人员的培训工作

培训工作包括:敬业精神的培训、服务意识的培训、导游业务的培训、政治思想的培训、导游知识的专题培训等。同时还要在导游人员中开展导游业务的定期交流,提高导游人员的接待能力。

(二)实行合同管理,强化导游责任感

对导游实行合同管理是促使导游依法为旅游者提供导游服务的保证,是提高服务质量的重要措施,可以促进导游增强责任感,自觉为游客服务。

(三)建立健全导游技术等级评定制度

导游技术等级评定制度适用于全国专职和兼职导游,这有利于调动导游的工作积极性,同时也有利于我国导游服务质量的提高和导游队伍的建设。

(四)对兼职导游人员的管理

对兼职导游的管理要注意以下几个方面:

(1)建立档案。导游管理部门应将所有的兼职导游人员的个人资料归档,以便全面了解导游人员对工作的胜任情况。

(2)订立合同。对兼职导游人员实行合同管理,是促使导游人员增强工作责任感、提高服务质量的重要措施。

(3)质量保证金制度。旅行社在与导游人员签订合同时,要求导游人员交纳一定的质量保证金,以约束其行为。

(4)导游例会。导游例会是定期对导游人员召开的会议,以使导游人员增强组织观念、沟通信息、增进了解、增加凝聚力。

(5)组织培训。兼职导游人员也要和专职导游人员一样定期接受培训,以提高其素质和接待的质量。

(6)导游的等级评定。旅行社的导游管理部门要对兼职导游人员进行考核评定,优胜劣汰,以确保导游队伍的质量。

第七节 游客管理

游客是旅游景区的"主角",是带来经济收益的"顾客",注重对游客的管理对景区的规范、持续发展有着不可忽视的作用。游客管理作为一种管理理念,已为发达国家旅游目的地所广泛应用。游客是旅游活动的主体,是旅游资源开发后产品的主要购买者和消费者,对游客实施有效的管理,不仅可以使其获得高水平的旅游体验,还可以促进旅游地资源开发的永续利用和发展。

一、游客管理的含义

游客管理是指旅游管理部门或机构通过运用科技、教育、经济、行政、法律等各种手段组织和管理游客的行为过程。通过对游客容量、行为、体验、安全等的调控和管理来强化旅游资源和环境的吸引力,提高游客体验质量,实现旅游资源的永续利用和旅游目的地经济效益的最大化。最早关注和重视游客管理活动的是景区型旅游目的地,尤其是保护地,起因是西方一些国家公共公园游客量的急剧增加。起初,欧洲建造的公园是面向社会中特权阶层的,平民只有在当局的严格监督之下方可进入。其后特殊土地的概念被取消,政府建造的公园开始服务于普通民众。20世纪初,经济的迅速发展带来了个人旅行的急剧增长,同时也增加了公园的访问量。20世纪60年代,公共公园开始被过度利用,游憩活动对环境的冲击加剧。人们逐渐意识到,游客管理在保护公园的生态、社会、经济和文化价值方面有着举足轻重的作用。半个多世纪以来,游客管理在欧洲和北美洲的许多国家公园得到了重视与发展,并扩展到一些普通旅游景区和发展中国家的旅游目的地。人们对游客管理的认识也经历了从旅游环境容量到游客人数和利用强度,再到游客活动和游客影响控制,最后逐步形成较为规范的游客管理框架的过程。

二、游客管理的主要内容

(一)定量、定点管理

为了让景区接待游客数量在合理的范围内,避免超载现象产生,可以对旅客实行定量管理。游客在景区内的参观游览,难免会发生一些无意识行为,或者因游客对危险地带认识不足而导致事故的发生,对此可实行定点管理措施。

定量管理主要是通过门票控制来实现的,采用限制进入时间、停留时间,控制旅游团人数、日旅游接待量,或综合运用集中措施的方式限定游客数量和预停留时间,解决因过度拥挤、践踏及温度、湿度变化引起的旅游资源耗损。

定点管理是指在需要特别保护的地带利用警示性标牌提醒游客什么不可以做,或在旅游高峰期聘用保安及专门服务人员或安排志愿者,重点区域、重点地段实行重点管理,避免游客践踏、触摸,同时对游客提供相应的帮助与及时服务。另外遗产类旅游景区可以安排志愿者在资源易受损耗的地方执勤;在危险地带或禁止游客进入的场所采用拉网、拉绳、种植植物墙阻止。

(二)队列管理

分流措施并不是总能解决游客数量过多的问题,其效果与措施的实施成本也有联系,因此排队现象经常是难以避免的,这种现象在主题公园等景区十分突出。排队是影响游客体验的重要因素。因此要尽量采取措施缩短游客的排队时间。一些可供借鉴的改善游客体验的队列管理办法如提供排队的详细信息、超额估算剩余时间,使游客排队时有事可做。各种措施的目的主要在于减少或避免游客等待时枯燥单调的环境。例如,在英国,奥尔顿塔楼、伦敦眼等主题公园引入了绩效排队体系,即通过计算机订票系统保留各自位置,并在指定时间获得相应位置,绩效排队的意义在于基本避免了游客排队等待现象。

(三)游客投诉管理

1.游客投诉心理分析

(1)求尊重的心理。

求尊重是人之常情,游客希望在旅游过程中其人格和尊严受到尊重,尤其是那些身份和地位较高的游客。导游人员和有关服务人员若稍有不注意,其言行有时在游客看来是不尊重,会引起他们的不满产生投诉。

(2)求发泄的心理。

俗话说"水不平则流,人不平则语",求发泄是游客通过投诉来表达其内心的愤懑情绪和不满的一种形式。这类情况往往发生在游客的期望和要求多次提出而得不到满足或旅游产品和服务存在较多缺陷时。

(3)求补偿的心理。

求补偿是游客认为其合法权益受到损害而通过投诉以得到弥补和补偿的心理。游客花钱是为了寻求愉快美好的经历,如果他得到的是不愉悦、是烦恼,这种强烈的反差会促使他选择投诉来找回他作为游客的权利。

2.投诉处理技巧与步骤

第一步：首先要让游客把情绪发泄出来，避免使用过激的语言，保持眼神交流，让游客感受到你在倾听。处理游客投诉时要尽量让对方坐下谈话，让对方放低重心，避免和对方站着沟通。心理学研究表明，人的情绪高低与身体重心高度成正比，重心越高，越容易情绪高涨。

带有反馈式的倾听，会让游客产生被重视的感觉，大大提高对方的满意度，容易稳定情绪。在沟通中不断重复对方的话，可以将游客的谈话内容及思想加以整理后，再用自己的语言反馈给对方。重复对方的话的频率与游客情绪高低成正比，对方情绪越高，就应该增加重述的频率，从而努力让对方平静下来。

第二步：充分道歉，让游客知道你已经了解了他的问题；表达歉意需发自内心，体现出诚意，同时还要对游客的遭遇表示同情与安慰。

第三步：收集信息。真诚地与游客交流，理解游客，同时了解游客需要解决的问题。适时提出问题，获取游客的需求信息，用自己的话重复、确认游客所遇到的问题，并适时做好记录。

第四步：给出一个解决的方法。明确游客的问题之后，需根据景区的实际情况，客观对待问题，通过补偿性服务来弥补游客所遭受的损失。补偿性服务通常包括打折、送赠品（包括礼物、商品或服务）等。

第五步：解决问题的方案需要通过双方协商、认可确认之后形成最终的方案。在确定解决问题的方案时，既要维护游客合法、合理的权益，又要维护旅游景区的合法权益。

第六步：通过后续跟踪服务，进一步向游客了解旅游景区的解决方案是否有用、是否还有其他问题，如果有不尽如人意的地方，可继续寻求更好的解决方案。后续跟踪服务的方法通常包括电话、电子邮件等。

(四)解说系统的建设

解说系统形式可以分为向导式解说和自导式解说，包括各种导游讲解、咨询服务、影印材料、标志、牌示、地图、手册等。让游客有更多机会获得信息是关键的一步，对此应充分发挥导游的解说引导作用。景区一般有专门的游客中心为游客提供服务。景区内的牌示、标识等首先需要主要位置的得当及信息的醒目、简洁、准确；其次，个性化的设计、提示更能赢得游客的配合。完整的解说系统可以变对游客的直接管理为间接管理，真正体现游客管理的服务性特点。

(五)行为管理

行为管理的内容包括环境卫生方面的常规行为管理如随地丢垃圾、吸烟、践踏、吐痰、争吵、大声喧哗等，破坏性行为管理如涂刻、攀折、拍照、闯入保护地带的活动，安全行为管理如危险地带、接近一些大型动物等。不同的旅游景区对游客行为的要求是不同的。例如，在生态旅游区，对游客的活动范围、装备乃至所穿的鞋子往往都有要求；在文物古迹景区，一般重点是监督接触、涂刻及拍照等行为。除配备足够人员的监管外，导游的配合是有效的补充，为此必须注意对导游的管理。管理的方式主要通过提醒、宣传教育，但强制性手段也是必不可少的。

第八节 危机管理

一、会展旅游危机管理的概念

会展旅游危机是指影响会展旅游者对会展旅游目的地的信心和扰乱会展旅游业正常运转的一切非预期性事件,它们可能以多样的形式在较长时期内不断发生。

会展旅游危机的特点有突发性(交通事故、地震、海啸和疫情等)、破坏性(战争)、不确定性和紧迫性。会展旅游危机大体可以划分为五类,分别是产品质量危机、财务危机、契约危机、突发事故危机和宏观经济政策引发的危机。

会展旅游危机管理是指为避免和减轻危机事件给会展旅游业所带来的严重威胁而进行一系列计划、组织、领导和控制的过程。

会展旅游危机管理的主体是政府、会展旅游企业、会展旅游主管部门、会展旅游从业人员。

二、会展旅游危机管理的程序

会展旅游危机管理主要包括四个主要阶段:预警阶段、处理阶段、重塑形象阶段和评估阶段。

(一)预警阶段

会展旅游预警阶段指的是会展旅游企业通过对政治环境指数、经济环境指数、自然环境指数、商业环境风险等危机预警指标,定期或不定期地进行自我诊断,找出薄弱环节;并利用科学有效的措施和方法对危机进行全方位的监控、分析和判断,以便及时捕捉到可能发生的危机征兆。在有信号显示危机来临时,及时发布并警示,从而有利于企业自身和会展旅游者预见问题,并主动采取积极的安全措施。

加强会展旅游危机管理,首先要增强危机意识,及时察觉危机的征兆,将可能发生的危机控制在萌芽状态,在危机发生时,尽可能把损失控制在一定的范围之内。

(二)处理阶段

会展旅游危机处理阶段指的是发生旅游危机事件后,会展旅游举办方运用公关宣传、新闻发布会等方式或渠道,与相关部门保持沟通,采用主动说明和积极赔偿等手段。需要注意以下四个方面。

1. 及时发布危机信息

在会展旅游危机事故发生以后,组织方和旅游企业以诚信、透明的态度与各类媒体沟通,设立新闻中心适时向社会公众发布客观、准确、透明的危机信息,同时防止谣言和小道消息的散布,最大限度地消除会展旅游者的恐惧心理。

2. 控制危机发展,加强保障措施

对有重要人物参加的会展旅游活动必须要对现场和旅游线路进行安全检查,做好安全保卫工作,同时应配备专业医护人员和救护设备。对会展旅游者的安全也应采取必要的保障措施。遇到比较敏感的政治危机时,必须加强与政府和会展旅游主管部门的联系和合作,通报危机事件的进展情况,配合政府的权威危机措施。

3. 加强沟通,修复企业形象

通过与客户有效沟通,保持和增强与新闻媒体、游客、政府机构之间的良好关系。通过用各种联系方式与客户保持沟通,向其通报事件情况,争取客户的理解和支持,保持客户对企业的信心,为危机后开展新的会展旅游业务做好准备。

根据自身实际情况,配合政府和媒体,做大量有利于树立企业形象的广告宣传,吸引公众的关注,巩固甚至提升企业形象。同时尽力做好企业内部沟通,调动员工的积极性。以上这些措施都是减少危机损失的基础性工作。

4. 转危为机

在危机中也有可能蕴藏着机遇。会展旅游企业应把握好这些机遇,转危机为生机,使企业获得新的发展。例如,在危机期间的经营淡季,可以抓紧时间对员工进行培训,提高其综合素质,危机过后,企业的服务与管理能够上一个新的台阶,从而弥补在危机中的损失。

(三) 重塑形象阶段

会展旅游危机的应急和处理主要是为了阻止危机蔓延和减少造成的损失,重塑会展旅游目的地的形象和恢复会展旅游企业的信心。

发生旅游危机后,会展旅游企业要配合会展旅游举办地政府和主管部门,有效利用报纸、电视等大众媒体,积极宣传会展旅游目的地的安全形象,尽快恢复国内外会展旅游者对旅游目的地的信心。同时会展旅游企业也要通过科学的市场调查和资料分析,对目标市场采取有针对性的营销措施,做好会展旅游企业形象宣传,引导会展旅游消费,从而刺激并帮助客源市场和营销渠道复苏和繁荣。最后,也要使因危机事件造成损失的企业尽快恢复,重塑企业内部信心,增强内聚力,制定新的发展战略,抓住新的客源,实现企业振兴。

(四) 评估阶段

会展旅游危机事件消除或告一段落以后,会展旅游企业应对危机进行详细而全面的评估,主要是针对危机预控管理和对违纪事件管理的评估。在评估的过程中,一方面应有科学规范的评估体系,另一方面也要对现有危机预防机制进行有效完善。评估总结工作做完后,会展旅游企业要认真回顾危机处理过程中的每个环节,针对前面的预警系统进行反馈,帮助危机管理机构重新修正预警系统的失误,进行相应的改进或调整,以便建立一个更有效的预防机制,从而加强危机管理预案的指导性和可操作性。

第九节 信息管理

会展旅游信息是对会展旅游活动运动、变化、发展状况、特征、本质与规律的反映,包括旅游者信息、旅游目的地信息、旅游业信息;政治环境、文化环境、法律环境、科技环境信息等;旅游统计资料、交通状况、饭店入住情况等;假日客流量预测、旅游收入预测、旅游形势预测、出入境游趋势展望等。

会展旅游信息管理是信息人员以信息技术手段，对旅游信息资源实施计划、组织、指挥、协调和控制的过程，从微观上说，包括对旅游信息内容的管理；从宏观上说，包括对旅游信息机构和旅游信息系统的管理。

旅游信息系统(Tourism Information System,TIS)是以旅游信息数据库为基础，在计算机软硬件支持下，综合、动态地存取、存储、管理、分析、查询和应用旅游信息的信息系统。其基本功能包括：

(1)信息处理：收集、存储、管理、统计分析和输出各种旅游信息。

(2)辅助决策：适时提供多种空间和动态的旅游信息，模拟人工决策过程，为旅游管理和决策提供支持。

旅游目的地管理信息系统(Destination Information System,DIS)是服务于旅游目的地信息收集、存储、加工、传递、应用的人－机系统。它是一个功能多样的信息系统，具有输入、处理、输出、反馈和控制这五个一般信息系统所共同具备的要素。旅游地管理信息系统通常包含四个子系统：旅游地经营管理子系统、旅游地信息服务子系统、旅游地设施管理子系统、旅游地内务管理子系统。其主要作用包括：

(1)提高管理工作效率。

(2)提高管理人员素质。

(3)改善旅游地的服务质量。

第十节　中　介　管　理

会展旅游中介组织是指介于政府、企业、个人之间，为市场主体提供信息咨询、培训、经纪、法律等各种服务，并且为各类市场主体提供协调、评价、评估、检验、仲裁等活动的机构或组织。

一、会展旅游中介分类

根据中介的服务内容，会展旅游中介组织可分为公正仲裁型、信息交流型和行业协会型。

(一)公正仲裁型

公正仲裁型中介主要是指会计师事务所、律师事务所、资产和资信评估鉴定机构、公证和仲裁机构等组织。这类中介组织的特点是按照国家法律、有关行政主管部门规定和专业技术要求，提供特定的服务，维护市场经济的有效运转和社会稳定。其主要职能是评价和审查企业的行为，监督其按照公平、公正的原则进行公开竞争，规范市场行为，反对欺诈，并调解市场纠纷。

(二)信息交流型

信息交流型中介是指以合同关系为基础，以知识、信息、经验、技术和技能为载体，针对特定对象进行财务分析信用调查等经营活动，为客户提供金融信息、咨询建议和策划方案的专业信息咨询服务机构。

(三)行业协会型

行业协会型组织是指介于政府、企业之间,商品生产者与经营者之间,并为其服务、咨询、沟通、监督、公正、自律、协调的社会中介组织。行业协会是一种民间性组织,它不属于政府的管理机构系列,而是政府与企业的桥梁和纽带。行业协会属于社团法人,是我国民间组织社会团体的一种,即国际上统称的非政府机构(NGO),属非营利性机构。

二、会展旅游中介服务

会展旅游中介服务是指能给会展旅游所有参与者带来某种利益或满足感的、可供有偿转让的一种或者一系列的活动,它渗透在会展旅游的方方面面,贯穿于会展旅游的始终,是其不可或缺的重要组成部分。会展旅游中介服务既包括各种中介组织提供给会展旅游公司的直接服务,也包括提供给会展旅游者的直接服务。

随着我国会展及会展旅游业的迅速发展,优质的会展旅游中介服务正日益成为会展旅游竞争最为锐利的武器之一。通常,较为常见的会展旅游中介服务包含以下几方面内容。

(一)竞争保障

为保证会展旅游市场公平竞争、平等交易,评价、审查会展旅游企业行为,维护各会展旅游企业的合法权益,扩大彼此间的交往,中介组织提供了相应的配套服务。从事此类工作的典型中介有会计师事务所、审计事务所、资信评估机构、行业协会、同业协会及其他监督性质的组织等。

(二)仲裁协调

为反对弄虚作假欺骗会展旅游消费者,调解会展旅游市场纠纷,保证市场正常运转,中介组织往往需要站在第三者的立场,提供可信的仲裁协调。从事此类工作的典型中介有律师事务所、公证处、仲裁机构、消费者协会等。

(三)信息咨询

为促进会展旅游市场发展,帮助旅游企业有效收集各类会展旅游信息,并提供会展旅游者满意的增值服务,各类信息服务机构等中介经常在会展旅游组织过程中扮演中介角色,提供大量信息支撑。

(四)保险、广告

旅游涉及与各方面的交流,在旅游的过程中安全是第一位的,为了能很好地保障会展旅游者的利益,保险服务举足轻重。提供此类服务的中介主要是专业保险公司。另外,会展旅游也需要适当的市场营销,以扩大其影响范围,因此,广告服务机构等营销中介的外围服务也显得十分重要。

(五)人员支持

会展旅游尤其是大型会展旅游的人员参与面十分广泛,在旅游组织的过程中,有时会需要专业人员支持,如语言翻译方面,需要中介组织提供相应的人员培训或是直接提供专业人才参与操作。从事此类工作的典型中介有人员培训机构、人才交流中心等。

（六）评估总结

会展旅游活动的举办是否成功，需要后期评估检查。评估工作可以由会展旅游组织方自主进行，但为了体现客观、公正，评估也经常外包给专业中介，由其提供一系列的跟踪评价。从事此类工作的典型中介有专业顾问公司、专业评估机构等。

三、会展旅游中介管理注意事项

（一）审查中介企业或机构从业人员的资格证书

由于当前各中介公司水平参差不齐，市场透明度较差，人们对中介代理服务也是戒心重重，所以审查中介资格就显得尤为重要。会展旅游参与者在选择中介企业时，要看中介公司是否有营业执照、中介公司的注册资金、中介公司的企业规模和办公条件等。

（二）当地工商局须对中介机构进行年检

当地从事中介、经纪、咨询服务等中介企业集中到市工商局专业市场分局办理年检，凡从事中介、经纪、咨询服务等专业经纪人企业，要到专业市分局年检窗口领取《经纪资格认定审核登记表》，提交四名以上从业人员持有相应项目经纪人资格证书，经工商行政管理机关认定后，方可办理年检。

（三）严厉打击违法活动

为增强会展旅游所有参与者的满意度和获得感，推动深化集中整治游客身边腐败和不正之风，规范服务行为，提升服务效能，维护群众合法利益，应开展有关中介的专项整治活动，严厉打击和整治非法中介干扰，让非法中介无漏洞可钻、无利益可寻。

（四）强化消费者权益保护工作

加强宣传，营造有序消费环境。通过派发宣传小册子、张贴海报、走访企业等方式，宣传《中华人民共和国消费者权益保护法》《中华人民共和国食品安全法》《中华人民共和国药品管理法》《中华人民共和国价格法》等相关法规，倡导持续开展诚信经营，共同维护经济平稳发展，努力营造健康安全、规范有序的消费环境。

（五）加强对合同行为的监管

在合同履行管理中，合同管理的实现是整个过程的组织配合。这就要求企业的每一个员工都具备合同管理观念，通过合同履行管理基础知识的学习，来强化合同履约管理意识。企业通过总结过去管理中的经验教训，努力营造全员重视合同管理的氛围，进而提高风险防范能力。

（六）加强中介人员管理

行业组织应以信息化手段加强中介人员管理。

(1)开展水平能力测试。行业组织应组织从业人员开展水平能力测试，对从业人员进行分级分类管理，从而规范从业人员准入管理，对从业人员进行甄选。

(2)行业组织应组织从业人员开展继续教育培训，加强从业人员培训，对从业人员开展学历教育，提升从业人员学历水平、自身素质。

(3)行业组织应建立从业人员管理体系,电子化统一管理从业人员水平能力、执业登记信息、诚信信息、流动信息、培训信息,并对社会公众提供方便、快捷、准确的从业人员信息查询渠道,规范从业人员管理。

(七)建立"中介不良经营行为记录"名录

行业组织应根据相关法律法规,结合实际,建立健全从业人员管理制度与"中介不良经营行为记录"名录,并不定期组织对从业人员和企业进行清理排查,发现问题及时整改,严控风险。

参 考 文 献

[1] 王保伦.会展旅游[M].北京:中国商务出版社,2004.
[2] 贾晓龙,冯丽霞.会展旅游[M].2版.北京:清华大学出版社,2017.
[3] 徐文燕.餐饮管理[M].3版.上海:上海人民出版社,格致出版社,2021.
[4] 傅广海.会展与节事旅游管理概论[M].2版.北京:北京大学出版社,2015.
[5] 沈金辉.会展旅游[M].2版.大连:东北财经大学出版社,2012.
[6] 赖斌.旅游概论[M].2版.北京:中国旅游出版社,2021.